Leopold   Schefer

Der Hirtenknabe Nikolas

Der deutsche Kinderkreuzzug im Jahre 1212

Leopold Schefer

Der Hirtenknabe Nikolas
Der deutsche Kinderkreuzzug im Jahre 1212

ISBN/EAN: 9783337355159

Hergestellt in Europa, USA, Kanada, Australien, Japan

Cover: Foto ©Lupo / pixelio.de

Weitere Bücher finden Sie auf **www.hansebooks.com**

Der Hirtenknabe Nikolas.

Motto:

Der Phantasie gehört der Mensch; das Kind,
Vom Ammenmärchen auf; und jeder
    Thorheit
Und jedes höchsten Opfers ist er fähig,
Wenn er, entbrannt, durch seine Glut
    verbrennt.
Denn wiederum gewährt die Phantasie
Die Welt ihm! Alles Schönste ist ihr Traum,
W e r in der Phantasie lebt, lebt im Himmel;
W a s aus der Phantasie fällt, das ist todt;
Und stand des Nachts ein Engel da in Glanz
    —

Am Tage ward er — eine hohle Weide,
Und wird nie mehr ein Engel; eine Höhle
Aus Diamant im Traum geschaut, ist, drauf
Verschwunden, kaum noch eine
    Erdengrube.

Der
Hirtenknabe Nikolas,
oder
der deutsche Kinderkreuzzug im Jahre 1212.

Nach den Chroniken erzählt
von
Leopold Schefer.

Leipzig:
F. A. Brockhaus.

1857.

Erstes Capitel.
Zwei Flüchtlinge und ein Verfolger.

Es ritten drei Reiter nach Köln, am linken Ufer des Rheins „zu Thal". Das waren keine gemeinen Leute. Schon ihre Pferde waren nobel, schöne dauerhafte Limousins, und wenn auch deutlich angegriffen von einer langen Reise, doch lebhaft, ja heiter und vergnügt, als Franzosen. Der kräftige unverkennbare Deutsche auf dem Schimmel, im Mantel und Reise- und Wetterhut, nannte den sehr edel aussehenden Reiter auf dem Rappen, in spanischem Mantel und Barret — unverkennbar ein Jude — nur Doctor, wie er sich ihm genannt, und der Doctor nannte ihn wieder nur wie er sich ihm selber lächelnd genannt: „Herr Großhändler", ob er gleich ein Patricierssohn aus Köln war, der zu seinem Bruder aus Frankreich nach Hause reiste, welcher Bruder also noch lebte, wenn es in diesen gefährlichen Zeiten noch wahr war. Der dritte Reiter auf einer Isabelle von neapolitanischem Gebäude schien ein junger fahrender Ritter in Waffen, der, seit er sich ihnen in Basel angeschlossen, nur wenige Worte gesprochen, weil ihn ein Schmerz in den schönen Zügen stand, die manchmal zu einer ersehnten Rache aufblitzten.

Der Reitknecht mit dem Packpferde mußte, um nichts von ihren Gesprächen zu hören, immer über dem Winde reiten — bei Nordwind voraus, bei Mittagswind hinterher.

Jetzt sprengte von Köln her ein schöner, sehr schöner junger Mann mit goldenen fliegenden Locken, in Putz, auf einem arabischen Pferde an ihnen in fröhlichem Sturme vorüber. Der Italiener hielt, so lang er ihn daherkommen sah, dann wandte er sein Pferd und jagte ihm nach, lange nach; aber er holte ihn nicht ein; er sah ihm mit Ingrimm nach, und kam dann verdrossen zurück zu den beiden Gefährten.

War er es nicht? frug ihn der Kölner ins Blaue.

O, er war es! erwiderte der Erhitzte. Ich weiß ihn da drinnen! Da wohnt er nun greifbar! Das war nur ein Spazierritt! Und wenn auch heute nicht . . . wenn auch das hundertste mal erst, gewiß, kommt ihm die Rache so gut wie dem Kaiser,[1] der unser schönes Mailand verbrannt und „von der Erde weggetilgt" —. So mag er glauben. Auch ein schöner Glaube!

Nichts Böses ohne Gutes! sprach der Handelsherr dazu; — ich will es vor den Thoren der Stadt nur gestehen: ich bin ein geborener Kölner, und meine liebe, liebe schöne Vaterstadt bekommt aus Mailand nun die heiligen Drei Könige in ihren Schreinen oder Särgen; und Köln wird noch heiliger als es schon ist durch seine todten 11,000 Jungfrauen; es wird ein zweites Neu-Rom, wie es einst schon ein altes heidnisches Neu-Rom war, was es gar sehr der lieben Agrippina zu danken; und wie der Vesuv im heißen Unteritalien mit dem Hekla droben im kalten Norden unterirdisch geheim zusammenhängt, und beide als ein Paar Brüder abwechselnd reden und sich antworten mit Donner und Blitz und das Land umher segnen mit heiliger Wärme und Fruchtbarkeit, so die beiden theuern Städte, die auch ihre Würde erkennen und ihren Werth für sich und im Lande zu schätzen wissen, meine ich.

Das Ding von dem unterirdischen und überirdischen Feuer ist wirklich wahr und sichtbar, sprach der spanische Jude, der Doctor. Als ich aus Cordova ausritt nach meiner lieben Vaterstadt Amsterdam, da stand die Gerste schon hoch; ja man konnte schon die ersten kleinen grünen Feigen zur Noth essen, und die immer gelüsternen Weiber aßen schon als Leckerbissen die grünen rauchen Mandeln, wo Kern und Schale noch eins sind; in der Provence blühten die Rosen und Lilien; der Oelbaum strotzte von Blüten, umschwärmt von Bienen; in Avignon gab es schon Melonen im Felde; der Mont-Ventoux stand wie eine grüne Pyramide in der blauen Luft — wie ein begrabener Riese, nur droben eine weiße Kappe von Schnee auf; die Rhone hinauf verloren sich aber allmälig die Wunder der südlichen Kraft, bis man vor den Eisbergen der Schweiz, der unüberwindlichen Burg der Freiheit, erstarrte. Aber den Rhein hinab zog uns der Frühling nach, als lichte prächtige Wolken droben, verleiblicht als wilde Gänse und Enten und Staare und Lerchen, und drunten als smaragdene Saaten auf dem Acker und Gras auf den Fluren und Blumen im Grase, angrünende Bäume und vollschwellende Knospen mit schon weißen Spitzen der Blüten. Das Alles ist mir und uns Juden allen nur ein fremdes Land, eine verfluchte Fremde, in die wir h i n a u s gestoßen sind in immer längere Verbannung — aber ich weiß nicht: mich rührt doch die Erde und der Himmel droben, und wir sind dennoch g l e i c h s a m noch Menschen mit Augen und Ohren und Menschenherzen mit Liebe für ein schönes gutes Weib und junges liebes Kind, und der alte Gott lebt noch, uns noch, und wird uns leben, solange die Erde bleibt und der Himmel bleibt — und gewiß noch drei Tage länger, wenn nicht viere!

So schloß er fast lachend — aber wischte sich die Thränen aus den großen schwarzen Augen und von den gesunden gebräunten Backen und strich sich den Bart; und die Gefährten hielten ihre Pferde und sahen sich den schönen kräftigen, verständigen Mann an, als sei er ein Erdwunder oder eine Art vierter heiliger Drei König, der hier in der Irre ritt.

Sie waren jetzt aus dem Walde, der sich nun nach rechts am Ufer des Rheins hinzog und vorn die Stadt noch verdeckte; aber links that sich ihnen das grüne abendsonnige Gefild mit Dörfern und Schlössern und spiegelnden kleinen Seen auf. Die Sonnenscheibe, vom Himmel gesunken, berührte und küßte wie ein silbernes Menschenhaupt die Erde — das Zeichen für alle Schulmeisterjungen auf den Dörfern zum Abendgeläut; und der ursprünglich chinesische Wohllaut aus den hin und her gebaumelten Glocken floß von den Thürmen hier so gut wie dort rings im Gefilde, verschmolz sich in der Luft und goß zauberischen Frieden über die Menschen, die, in der ewigen Weltwehmuth und Erdtrauer befangen, den Tag zu Grabe läuteten, als sei da wieder eine Blüte vom unsichtbaren Baume des Himmels gefallen. Das war ein Friedenvolles für die Ohren. Aber da war auch ein Wunderbares für die Augen, ein Rührendes für die Herzen zu sehen — eine leisschleichende bunte Schnecke; nicht nur wie ein langer schimmernder Heerwurm, sondern wie der gefildgroße Schild einer bunten mehr als riesengroßen Landschildkröte; und die Schildkröte w e i n t e — sie s a n g — sie k l a g t e — sie b e t e t e mit tausend Kinderstimmen, zu Einer bangen Kinderstimme verschmolzen, zu Gott — und aus dem Schilde ragten Kreuzlein auf Stangen, und wehten und wedelten Fahnen im Winde. Der Anblick war unbeschreiblich, die Stimme umfaßlich.

Und der jüdische Doctor sprach tief gerührt: O Herr, ist denn auch hier die K r a n k h e i t ausgebrochen? Dergleichen ist doch kaum in der Zeit gewesen, da das Alte Testament neu gewesen! und hier ist sie nun in Deutschland aus Frankreich eingeschleppt! Es sollte eine Mauer zwischen beiden Reichen sein, mit nur einer kleinen Thür, zu der man nur die Gesunden an Leib und Geist hereinließe. Aber die Luft! die Luft! Das liegt in der Luft! und in den aufschlagenden Dünsten, die sich bei jedem Fußtritt jedes Menschen aus der Erde in ihn entladen! Wir sind nicht Menschen so so, und nicht verrückt oder klug ohne Grund

und Boden! Aber ich muß doch sehen: die Augen! die Zunge! den Puls muß ich fühlen, und ob die Herren Jungen, die da Fahnen und Kreuze tragen, und Kreuze hinten auf dem Rücken, ob sie dicke Bäuche haben, harte?

Er bat um kleine Geduld, stieg vom Pferde, gab es dem Reitknecht zu halten und ging brennend vor wissenschaftlicher Begier, wie zu der ganzen Menschheit Nutzen und Heil ereifert — aber vorsichtig nur langsam unter den nächsten Zug der singenden und weinenden Knaben und Mädchen die sich hier zu Tausenden zum Kreuzzug nach Jerusalem einübten und vorbereiteten, wie die Schwalben im Herbst zum Fortzug über das Meer und die Lande mit ihren Jungen auf dem Anger im großen Kreise sich üben; dann wieder ruhen und zwitschern; dann sich wieder erheben und schwirren, nicht nur wie ohne Führer, sondern wirklich ohne Führer; dann nicht nur sie, die Schwalben, sondern auch die Heerden Kraniche, Störche und wilden Gänse und schnatternden Enten. Diese „Jungen" aber hatten Führer, fast lauter Hirtenknaben, die ihre Schafe mit Wolle im Stiche gelassen.

Näher gekommen verstand er auch die Worte, die sie sangen, gerade nur die Uebersetzung derselben, wie er von den französischen Kindern gehört:

> Herr, gib uns das wahre Kreuz zurück!
> Und nebenbei all' all' alles Glück,

Die Ansteckung schien ihm richtig. Sich an die ebenso unwissenden jungen Herren Führer, meist Hirtenknaben, zu wenden, schien ihm überflüssig. „Alle sind wie Einer und Einer wie Alle", sah er. Er beschenkte einige von ihnen nach und nach in der Reihe des Zugs, besonders die kleinern, mit Stücken erst neuerfundenen Krystallzuckers; er lobte sie; beklopfte sie an den ihm gewünschten Orten mit der Hand; er sang den Vers ein Weilchen mit ihnen, ja er weinte wirklich nüchterne gesunde Thränen mit ihnen — mußte sie endlich ziehen lassen, und kam nachdenklich und schweigsam wieder, lächelte die Gefährten bejahend an, und sie ritten wieder die letzte Strecke des Wegs auf einen Hügel zu, der „der todte Jud'" oder „der Judentod" beim Volke heißt, wie der Großhändler sagte, von wo man ganz Köln überschauen kann, worauf er sich kindisch freute und ganz roth im Gesicht glühte. Der jüdische Doctor konnte es aber nicht auf dem Herzen behalten, noch zu sagen: So etwas von Kinderraserei, wie wir da zu schauen und mit Händen zu greifen haben, ist wol noch nicht auf Erden gewesen — wenn wir auch andern Gestirnen am Himmel rings jeden möglichen Unsinn aus schuldiger Verehrung gern reichlich vorbehalten wollen. Nur hab' ich gelesen, daß die Athener Bürger und Bürgerinnen in ihrer aufgeklärtesten Zeit von einem ernsten Spaßvogel gehört: „Am nahen Berge Hymettus sind große goldene Pferdeameisen und Ameisenhaufen mit goldenen großen Ameiseneiern entdeckt worden"; — worauf sie an hellem Tage als Narren mit Hacken und Schaufeln und Sieben und Säcken hinausgezogen, aber mit leeren Händen zurückgekommen; aber den Spaßvogel für den lustigen Tag mit lachendem Muthe reichlich belohnten. Und sichtbar ist: das Gelobte Land muß uns nur auf Zeit gelobt worden sein, denn sonst hätten wir's ja noch! Wer wagt das zu leugnen? Und froh kann ich sagen: wie vieles Verwirrende haben wir nicht! Wie Vieles sind wir los! Ja, wir und unsere Kinder wetzten kein Taschenmesser, um es uns wieder zu erobern. — Aber auf dem Hügel ist ja ein Hochgericht! Und sie rammen frische Pfähle ein — Brandpfähle! Nur etwa für keinen von unsern Leuten! Der Herr erbarm' sich!

Aber das sah und hörte der Handelsherr nicht. Denn seine Vaterstadt, die er 18 Jahre jung vor 18 Jahren geflohen, lag vor ihm, wie einst, im unverblichenen Abendsonnengolde, mit dem Himmel aus Purpur bedeckt. Die Mauern glänzten; ihre Thürme leuchteten wie dicke mächtige Kerzen; die Kuppeln der Kirchen und Klöster brannten und ihre hohen Thürme schossen wie Flammen empor in den Himmel und zeigten ihm ihr Kreuz von der Erde; die hohen Fenster glitzerten silbern und funkelten und blendeten die Augen bis hier heraus, daß er sie davor mit den Händen bedecken mußte. Dann streckte er sie aus, nach seinen Lieben darin verlangend und rief aus erschüttertem Herzen: O meine Vaterstadt! O mein liebes Köln! Und die Glocken schlugen darin umher. Dann riefen sie zur Vesper, und rührende Töne und blühende Farben überwältigten ihn, daß er weinte. — Und der junge Rittersmann, ja selbst der Arzt — ein Fremder in jeder Heimat — war doch gerührt. Auch ich bin angesteckt, seufzte er mit einem Lächeln in seinem Angesicht voll schweren Ernst der Welt.

Darauf schweifte der kölner Herr mit Blicken umher, nach seiner Väter Burg, mit dem schönen See und dem schönen Garten. Ach, das ist nur die Kilschburg, rief er ungeduldig, das Schloß der alten reichen Schaafhausen, — und dort nur das Schloß der edeln Hompesche — dort brennen schon die vielen Töpferofen in Effern, erst ganz blaß und wie der noch in der Abendröthe schon aufgegangene Vollmond scheinlos — dort das ist das Schloß der kunstliebenden Herren, wie kann man den Namen vergessen — der Delius, auf Klettenberg — ach! und dort aus den Linden ragt meiner Väter Schloß, die Lindenburg, und sein See blinkt! und der einstige Römer-Aufwurf, „der Zug", grünt weit herum schon an vom Frühling. Ach, wenn nur nicht alle meine Väter, Mütter und ihre Freunde dort wie im Bann auf dem großen Kirchhofe da zu Melaten lägen, und sie erwarteten mich jetzt in ihrem Staat, das sollte eine sehenswürdige Gesellschaft sein, und gar erst welche hörenswürdige! Sie hatten die Vorliebe für alle Dörfer auf „Ich", die sie nacheinander besaßen, als da sind: Fischen-Ich, Kenden-Ich, Mischen-Ich, Mergen-Ich, Leichen-Ich, Mettern-Ich, groß und klein Virn-Ich und zuletzt gar Ichen-Dorf.

Sie sprengten auf den Hügel.

Und einer der berühmten furchtbaren Stadtmiliz, der sogenannten „F u n k e n", ein alter Funke, der hier auf dem Hügel mit andern über die Arbeiten mit Pickelhaube und Spieß Aufsicht hatte, sah ihn lange und immer wieder an und frug ihn endlich doch: Gestrenger Herr, sind Sie nicht Herr Sinzenich? D a s ist blos ein Gesicht eines Sinzenich, das ich viel tausend mal, früh und abends, ja die Nacht im Traume gesehen. Ich war Knappe bei Euerm Großvater. Der alte Elias war Schäfer derzeit, und ist richtig auch in Himmel gefahren. Sein Sohn Elias der Zweite ist aus einem tüchtigen Schäfer nun berufener Scharfrichter geworden, sitzt auf seiner schönen Scharfrichterei wie ein Rathsherr, und sein Enkel, der Nikolas, noch ein junges kluges Blut, hütet wieder die Schafe um Eure Lindenburg. Ich bin der alte Bertram — und Sie, s i n d S i e n i c h t H e r r S i n z e n i c h?

Die umstehenden angestochenen Arbeiter lachten und sangen und tanzten das Wort um ihn herum: „Sind Sie nicht Herr Sinzenich? . . . Sind Sie nicht Herr Sinzenich?" . . . und selbst der Doctor lachte.

Da sah ihn d e r F u n k e scheel an und frug: und du, bist du nicht ein Jude? und trägst Waffen! und was hat denn ein Jude zu hauen und zu stechen? Her mit dem Schwert!

Dabei stieß ihn der Funke mit der Faust ins Gesicht und riß ihm das Schwert aus der Scheide; der Jude stellte sich herz- und ehrentodt und reichte ihm auch noch die Scheide sammt der Kette.

So ist's recht, du Lump! lobte ihn der Funke. Der Kaufherr aber beschenkte ihn klüglich und sagte: Ja, ich bin d e r R a i m u n d, und frug ihn: Bertram, alter guter Bertram, mein Bruder lebt doch noch? Und die höfliche Antwort fiel: Bis vor einer halben Stunde; kann ich versichern. Er war hier. Er hat hier draußen misliche

Geschäfte — auch wegen Juden! Er wird sie Euch schon offenbaren! Kommt nur erst heim!

Ritt er nach der Lindenburg? oder in die Stadt?

In die Stadt, war die Antwort. Und so sprengten sie fort von dem Judentod oder dem todten Juden. Auf der kurzen Strecke bis zum Thore bot der Kaufherr dem Doctor, den er als ehrlichen, braven, überall hülfreichen Mann erkannt hatte, Wohnung mit in ihrem Hause an. Der Jude nahm es mit dankenden Worten, leise sprechend an: Ich starre schwer von Gold — ich floh aus Spanien, vor . . .

Und ich aus Frankreich, entgegnete Raimund; auch vor demselben Feinde; mein Geld aber habe ich durch treue Hände auf sicherm Wege vorausgesandt.

Dem jungen Ritter gab er Straße und Haus an, und erfuhr dagegen von ihm, wo er wohnen würde.

Sie ritten in das Thor, das Severinthor. Der Jude bezahlte für sich seinen Viehzoll, im Betrage, aus Verachtung, nur so hoch als für einen Ochsen; und sein Gesicht trug wieder die Todtenmaske. Die dämmerige Stadt hatte das Ansehen einer einzigen großen Schneiderwerkstatt; überall in den Läden der Straße hingen Kinder-Pilgermäntel, sogenannte Sklawinen; Pilgerhüte mit breitem Rande gegen Regen, Sturm und Sonne; Pilgertaschen; allerhand Fahnen und Fähnlein steckten aus; Schuhe und Gürtel hingen — Alles zu vielen Hunderten, an ausgespannten Schnuren; tuchene Kreuze, sie sich auf den Rücken zu heften, als bindendes Ehrenzeichen: „der Inhaber habe gelobt: ins Gelobte Land zu pilgern"; wovon ihn kein weltlicher König, kein Erzbischof lossprechen konnte, allein der Knecht der Knechte Gottes.

Köln selbst ist, wie eine ungeheure Kirche selbst, auf ein großes lateinisches Kreuz gebaut, welches die beiden Hauptstraßen, die schöne Hochstraße und die nach dem Rheine führende Schildergasse bilden, sodaß die Stadt in vier disparate — damals oft desperate Theile zerfiel; und wo sie sich kreuzen, da trennten sich die Reiter. Der junge Ritter ritt langsam nach dem alten Gürzenich zu; und Herr Sinzenich mit dem jüdischen Arzt nach seines Bruders großem schönen, palastgleichem verschattetem Hause, in dessen Halle schon eine Lampe brannte.

Sie stiegen ab, und während der Reitknecht die Klingel nach dem Hauswart zog, daß er das Thor aufthue, lehnte sich der heimgekehrte Bruder mit dem Arm an die geschnitzte Thür, ja er küßte das kalte eherne Löwengesicht daran.

Zweites Capitel.
Die Frau Rath.

Darauf eingelassen, erkannte er sogleich den vorigen nun altgewordenen Hauswart und rief vor Freuden den Namen „H a g e b a l d", alter Hagebald! Er eilte die breite eichene Treppe hinauf, deren wie indeß noch glätter gewordenes Geländer die heiße Hand ihm kühlte, und ihn selbst durch und durch erquickte. Alte Treppe, seufzte er leise, was ist Alles seitdem über dich ergangen, seit ich vom Hochzeitstische meines Bruders hinweg in die Welt laufen mußte, weil er die schönste Jungfrau von Köln, die einzige Tochter des steinreichen W o l l e n w e b e r s, die liebe I r m e n t r u d, als Patricier den Andern allen ehrenrührig zur Edelfrau genommen, und ich wegen meiner losen Reden, als leidiger, kecker, vermutheter Bauchredner-Jüngling, schon vor das geistliche Gericht abgeholt werden sollte, als wäre ich schon eine K a t h a r e r - B r u t, oder ein junger P e t r o b r u s i a n e r, die in der Stadt schon damals übermächtig zu werden drohten. Ich floh; aber gerade in die Heimat dieser freien rechtschaffenen Gemeinde. Ich g i n g natürlich ohne Frau und Kinder, und k e h r e unnatürlich von unsern Feinden beraubt, ohne Frau und Kinder wieder.

Er stand und weinte bitterlich; und der Hauswart, der ihn weinen sah, ließ ihn ungehindert hinaufgehen, indem er dachte: „W e r d a w e i n t, i s t k e i n F e i n d", und kam ihm nur nachgeschlichen. Er ließ sich von ihm für den Doctor ein Zimmer anweisen, worein dieser ging, und trat selbst in das ihm bekannte Wohnzimmer, in welchem ihm seine Schwägerin, die Frau Rath, entgegentrat und die Anrede erwartete. Denn sie war es, seit den 18 Jahren stark und völlig geworden in tausend Freuden- und Gnügetagen — aber jetzt wie durch eine Krankheit um das Feuer ihrer großen Augen gekommen, um die Röthe ihrer vollen Wangen; aber dafür mit Wehmuth in den Zügen, mit verweinten Augen und blassen zuckenden Lippen, wie eine Bestrafte oder ihre Strafe Erwartende.

Er streckte ihr die Hand entgegen und sprach nur seinen Taufnamen „Raimund" aus.

Da fiel sie ihm um den Hals und weinte, während er sie an die Brust drückte.

Nach langer Zeit sprach er erst: Mein Bruder lebt, hörte ich draußen soeben erst vor der Stadt; du trauerst nicht, liebe Irmentrud; deine beiden Töchter leben also auch, die ich noch nie gesehen — die zeige mir doch! Deine Aelteste, die nach unserer Großmutter Frederune getaufte — sie muß schon 18 Jahre sein, und deine Jüngste, die Irmengard, wol auch schon 13! Aber vor allem: Wo ist mein Bruder? der gute Aldewin, oder „alter Wein" — wie ich ihn immer aus Neckerei nannte.

Er sitzt nur hier nebenan in seinem Zimmer. Schweres Leid ist über unser Haus gekommen! Er hat soeben den letzten Bescheid aus dem Rathe auf seine dringende Eingabe erhalten; das Urtheil erwägt er vor seiner Lampe am Tische sitzend. Ich brenne, ich vergehe danach vor Neugier, als Mutter! O daß wir — nicht etwa wieder glücklich werden, denn das ist uns auf Erden nicht mehr möglich; aber daß unsere gute Tochter Frederune nicht ganz in Verzweiflung vergeht, nur den Wunsch gilt es noch. Ich will die Thür ein Schlitzchen öffnen und sehen, ob er fertig gelesen? und ob er mir winkt?

Sie ging leis und kam leis, und bedeutete ihn mit der Hand zu Geduld. Aber du, lieber Schwager, sprach die Frau

Rath, hast uns geschrieben, du würdest zu uns kommen und triffst auf den Tag ein — und auch deine angezeigten drei kleinen Fäßchen . . . Rosinen — in jedem ein k l e i n e s Tönnchen Gold — sind schon zur See über Amsterdam richtig eingegangen und liegen dir drunten zum Schein nur wie ganz leicht bewahrt in den Kellern. Sei also um dein Vermögen nicht in den geringsten Sorgen, wie es scheint, weil du so nacheilst! Aber wo sind deine wahren größten lebendigen Schätze: dein Weib Gabriele und deine Kinder? Wir haben ihnen schon draußen in unserm Schlosse die schönsten Zimmer hergerichtet, und manches ihnen vielleicht erst recht Liebe ist noch unterwegs. Ich hoffe, sie sollen sich herzlich darüber freuen!

Sie! sich freuen? sprach Raimund halblaut zur Erde starrend. Sie, nie mehr! — Es ist jammervoll für einen Nachgebliebenen, wenn nach kurzer oder langer Zeit n o c h e i n B r i e f a n e i n e n T o d t e n k o m m t, der nicht mehr zu bestellen ist! . . . wenn ein Armer, in Noth und Elend Begrabener noch, o nun erst eine große Erbschaft macht . . . oder wenn ein selbst unterdessen gestorbener Doctor einem Sterbenskranken rasch, rasch ja die Nacht noch Hülfe bringen soll!

Wozu ist das die ahnungsschwere bestürzende Einleitung? frug die Frau Rath, indem sie auf ihn zutrat, und ihm die zitternde Hand auf die Schultern legte und liegen ließ.

Auf nichts, erwiderte er bitter und tonlos, als auf Das, was man den Tod nennt, oder das Schicksal, das nichts ist als böse, rasende, abergläubische Menschen, welche die Weltdinge in die grausame Hand nehmen — aus Furcht zu bleiben und zu bestehen, und nicht selbst von ihren Feinden in die Hand genommen zu werden! Ja, die Meinen sind todt, mein Weib auf eine Weise, die einem schamvollen Weibe die schmachvollste ist, weil sie die willenloseste ist für ein treues Herz; — und die Kinder mit Schwertern zu Tode gehauen in der Wiege, und das in der angezündeten, brennenden, erstürmten Stadt, die unsere Zuflucht sein sollte, und es gewesen wäre — ohne den Verrath und den Misbrauch, ein wüthendes K r e u z h e e r i n d e r H e i m a t wüthen zu lassen!

O weh, weh! Armer Mann! rief sie und frug: und wie heißt die Stadt?

Sie hat geheißen „B e z i e r s". — B e z i e r s! sprach er, stellte sich stammhaft und aufrecht fest, und fuhr in ruhig gelassenem, aber feierlichem Tone fort: Sieh, liebes Weib, wer einen Streit gewinnen will, wer einen Feind hat, der muß ihn kennen am besten durch und durch, und dazu muß er sich i n i h n v e r s e t z e n, und gleichsam aus seinem Herzen und Sinn herausfühlen, was er will und was er kann; er muß a u s d e s F e i n d e s A u g e n sich selbst betrachten; und wenn er eine Seele hat, so muß er billig und gerecht sein gegen den Feind, der s i c h s e l b e r nur der beste, zärtlichste Freund ist, und darum nur des Andern Feind, der zufällig oder unvermeidlich ihm in die Parade fällt . . . in die Perücke . . . oder in die Krone. Da ist nun ein bunter Schatten in Italien hereingeschwebt, aus dem Morgenlande, i n d i e S t a d t, die sonst — wie man das abscheulich k l e i n l i c h und albern nennt — „der Welt" gebot, die aber erbärmlich und abscheulich in tausenderlei Schutt zerfallen und nur ihre alten Knochen noch aus der Erde streckt. Ihre Macht aber scheint den Thoren nicht versunken, sondern aus dem Todtenreich, ja aus der Luft noch wieder auf- und herzustellen in die Luft. Und das ist, von einer Seite betrachtet, dem Volk und den nächsten Völkern umher recht heilsam, um die hier rohen, ja grausamen, dort losen, dort tyrannischen oder habsüchtigen zeitlichen Herren derselben doch einigermaßen durch allerhand Künste und Vorspiegelungen in Furcht zu halten, und sie doch an e i n e n S c h e i n des Rechts, des Verstandes und des Guten wie an eine unsichtbare Kette zu legen.

Da sieht nun der redlichste D ü l p n e r ein, es braucht noch gar kein kluger Kölner zu sein: daß wir dem neuen Pontifex maximus — oder den größten Brückenbauer über die Zeit weg in den Himmel — ein Dorn im Auge sind, ein Wurm im Gehirn, ein Polyp am Herzen. Denn wenn jeder noch so lumpige Schacher und Schacherjude durch seine bloße Erscheinung in der Sonne der Nachwelt ihn und alle sein Reich geradezu vernichtet, alle Kirchen geradezu — ohne nur zu hauchen — in die Luft bläst, sodaß er ihr Todfeind sein muß — so m u ß t e er es auch u n s sein, u m n i c h t etwa schon u n s — sonst ganz unschuldigen Reinen, uns Katharer in Südfrankreich, Piemont und ganz Oberitalien — die wir jede Todesstrafe für ungöttlich und darum für höllisch und ganz abscheulich halten — f ü r M e n s c h e n z u e r k l ä r e n. Und o h n e Todesstrafe durch Feuer und Schwert ist er unrettbar verloren, da auch diese kaum mehr abschreckt, höchstens nur angestaunte n e u e M ä r t y r e r macht in neuer Welt; und nur der G e i s t e r t o d, die Geisterunwissenheit und Dummheit vermöchte noch einige Zeit hinzuhalten, bis das größte Wunder geschehen wird: „Die Sonne geht aus finsterer Mitternacht auf." Und wo befinden sich, umringen ihn seine Feinde und schränken ihn ein? Etwa über der See? Nein, in Italien! Jenseit Roms, in Sicilien die Araber. Diesseit, die vielnamigen, aber Eines Herzens und Sinnes zusammen ein Volk ausmachenden Katharer, von denen Tausende schweigend und redlich selbst hier in unserm Köln ihre Zeit erwartend leben — und an denen ich selbst getreue, Alles aufopfernde Freunde habe, meine liebe Frau Rath. Da er dort am fürchterlichsten und entschiedensten hart in der Nähe bedrängt ist — d e n n d e r b r e n n e n d e R o c k i s t d e r w ä r m s t e — sodaß er zuletzt nur mit einem Sprunge in den Vesuv sein Leben rettet — oder aus dem Lande flieht, was ganz gewiß noch wird geschehen, wer es erlebt, da er die Sarazenen aus Morgen und die Mauren aus Abend zu fürchten hat, so hat er die Kreuzzüge unterbrochen, und einen Rettungskrieg vor den nahen Feinden für einen Kreuzzug erklärt — und Er mit Recht! Cardinäle haben diese mordbrennenden Kreuzträger geführt — darauf hat der Simon von Montfort die Stadt Beziers belagert, erobert und Alles über die Klinge springen lassen, selbst die alten Weiber, die auf keinem Bein mehr stehen konnten, und die Kinder, die es noch nicht können. Mich, mich hat nach der Vertheidigung bis auf den letzten Mann die bekreuzte Pilgerkutte eines erschlagenen Wüthrichs errettet. So sind die Schuldigen mit den Unschuldigen ohne Schonung hingerichtet, weil — wie der Legat Allen zum Trost und sich zur Entschuldigung gesagt: „Gott wird schon die Seinen kennen!" Das eroberte Land gehört nun seinem Eroberer, sammt den nun mit Schutt und Asche begrabenen Gebeinen meines Weibes, ach! meiner Gabriele und unserer kleinen Kinder.

Armer Mann! stöhnte die Frau Rath.

Ich floh, unermordet, sprach er fast lächelnd. Ich freue mich ernst; denn aus unbegreiflicher Kurzsichtigkeit schonte man die Auswanderer, die nun über die Grenze geworfenen Feuerbrände; die aber voll im Herzen zusammengeschossener Glut sich auswärts sammeln, vereinigen, stärken, um Vernunft und Muth in den Landen auszubreiten. Das tröstet mich hoch! Unmenschliche Thoren müssen sich selber alle zugrunde richten.

Wenn sie uns, uns hier im Hause, und rettungslos erst noch zugrunde gerichtet; klagte jetzt die Frau Rath, und rang die Hände. Mag dir mein Mann unser Geschick erzählen. Stumm duldet eine Mutter noch im zerrissenen Herzen ihr Leid; aber laut es sagen, gleichsam es gestehen, es beichten wie eine Anklage des Himmels, das, das kann ich nicht!

Sie ging wieder die Thür leis öffnen. Sie sah lang erstarrt

hinein, dann winkte sie blaß wie der Tod den Bruder herbei; doch ehe er kam, stürzte sie schreiend zu ihrem Manne und rief: Er ist todt! Er stirbt!

Er eilte hinein. Die Lampe brannte hell auf dem mit einem niederländischen Teppich bedeckten Tische. „Der Mann und Bruder und Vater" saß daran auf seinem geschnitzten Großvaterstuhle und hielt mit seinen beiden ausgestreckten Händen steif und starr ein offenes Pergament. Sein Bruder Raimund, der nur kaum eine einzige Viertelstunde zu spät aus der Fremde zurückgekehrt war, um ihn wiederzusehen, rang die Hände über sein Haupt. Denn sein Gesicht bedeckte schon Todesblässe; er fing sich schon an zu strecken, daß der Tisch knisterte und der alte Stuhl sich rückte und lebendig zu werden schien; ein Zittern durchrieselte ihn, daß das Pergament in seinen Händen bebte. Er hatte die starren Augen noch groß und weit offen, und sie glänzten weiß und schauerlich. Sie wollten ihm eben brechen, als er des Bruders ihn anrufende, ja anschreiende Summe doch noch zu vernehmen schien, das Haupt noch zu ihm wenden zu wollen rang, aber kaum regte, ihn anstarrte, ihn anlächeln wollte, aber starb. Die Augen brachen ihm; der Tisch und der Stuhl knistern jetzt zum Fürchten geisterhaft; geisterhaft erhob sich seine Gestalt, von seinem letzten Willen geheimnißvoll mächtig, aber ohnmächtig emporgerissen, um ihn zu umarmen. So mit ausgebreiteten Armen brach er zusammen und war, was die Leute so nennen, ein Seliger.

Der Bruder sprang hinaus und fort nach dem neuen Freunde, dem Doctor, nach Hülfe, wenn man den Todten noch helfen kann.

Sein Weib hielt ihn treu und thränenlos in den Armen, ihre Stirn an seine Stirn gelegt, und empfand sich nicht, und die Welt nicht, nur ein namenloses Weh.

Der Arzt kam, den sie nie gesehen, und der weltfremde, ernste, gelassene Mann war ihr der ersehnteste, theuerste

Freund. Er prüfte den Todten und den Tod. Doch als er zuletzt mit Achselzucken mit der rechten Hand, wie höflich, nach unten zu wies, wie um ihn der Erde zu befehlen, da sprach sie leise: Er ist an Verzweiflung über die Menschen gestorben. Ach, unsere bittersten Feinde wohnen uns am nächsten! Was thut uns der Mann im Monde? der gute Kerl!

Der Bruder drückte ihm sanft die Augen zu, dann band sie ihm schonend den Mund zu, daß er mit offenem Munde im Sarge nicht noch über die Welt schreien zu wollen scheine.

Die Todten haben vieles zu vergeben, ja Alles, sich sich selbst, das Leben und die Welt, die ganze lange, lange Welt; sprach der weinende Bruder. Denn was man auch dagegen zu sagen sich unterstehen möchte: wäre die Welt nicht, dann wäre auch nie nur **ein** böser Mensch gewesen und noch, oder würde je sein — nie wäre **eine** Thräne geflossen! nie würde in Ewigkeit ein Tropfen Blut fließen. **Eine schöne Sache!** — aber doch eine namenlostolle. Drum wollen wir doch lieber vernünftig bleiben — oder ganz es werden, und Allen dazu rathen, Hohen und Niedern!

Sie ließen den Todten sitzen und ihn gleichsam zuhören, da er über alle Welt erhaben war; sie setzten erschöpft sich an die andere, die leere Seite des Tisches, und das nunmehrige Haupt der Familie ergriff getrost das gefährliche Blatt, und mit dem derben Vorsatze: kein Narr der Welt oder irgend Jemandes darin zu sein, überflog er es erst mit feindlichen abstoßenden Blicken, um ihm seine ansteckende oder betäubende Kraft zu benehmen, und las dann, erst leis und sätzeweise, dann immer lauter und verbitterter — **der neuen Witwe** und dem feuerfesten neuen Freunde die Antwort der Behörde auf des Gestorbenen Eingabe.

Sie hatten aber eine stille Zuhörerin bekommen, die in das Haus gehörte. Denn die jüngste Tochter des gestorbenen Vaters, welche ohne Einwilligung der Aeltern **das Kreuz** genommen, die dreizehnjährige I r m e n g a r d , war mit ihrer Kammerjungfer G a i e t t e — einem französischen tüchtigen Mädchen, das hier im deutschen Lande F r o h g e m u t h oder Frohmuthe hieß — von der großen Procession der jungen Kreuzfahrer oder Kreuzfahrtjungen und Mädchen, die sie auf den Feldern vor der Stadt gehalten hatten, jetzt Abends nach Hause zurückgekehrt und in ihrem langen Pilgerkleide, ihrer S k l a w i n e , durch das dunkle Zimmer der Mutter in des Vaters Zimmer getreten und auf dem weichen Teppich hingeschlichen sich auf einen bequemen Lehnstuhl gesetzt, die Hände zum Beten gefaltet. Aber die Neugier: wer die fremden Männer seien, war stärker als Alles, und vom Vater hatte sie den falschen Glauben, er sitze nur so mit verbundenem Munde da, weil er Zahnschmerzen habe.

Sie hielt ihren breitrandigen Pilgerhut auf dem Schoose, und noch erhitzt im Gesicht von dem Uebungszuge, dem Singen und dem Weinen mit der zahllosen Heerde von Knaben und Mädchen ermüdet, saß sie in ihren Locken, zum Verwundern zugleich und zum Kopfschütteln sonderbar und doch hübsch, wie eine aufbrechende Blume des Himmels in Menschengestalt mit Armen und Beinen und Nase und Augen und Ohren auf Erden, wie eine Novize der Heiligkeit da, der die Locken noch nicht abgeschnitten sind und deren Lippen noch Keinem einen Kuß gegeben haben, aber dem Kusse entgegen brennen mit aller Menschen- und Mädchenglut.

Und so hörte die junge Irmengard, was ihr noch nie gesehener Oheim Raimund mit erschütterter Seele erst selbst erfuhr, indem er las, und zögernd Das aussprach, was überhaupt erst dadurch wahr zu werden schien, daß er es aussprach:

— — „Bescheid des Rathes der Hohen Zehner hiesiger freien Reichs- und Hansestadt, &c.

— „Leider und abermals leider ist das Unglück, wie der leidige Satanas, eine so freche Person, die sich erdreistet, mir nichts dir nichts höchsten und hohen Personen wie Allergemeinsten und Aermsten an ihr Habe und Gut, ja an ihr Herz zu greifen und unser pflichtmäßigstes Bedauern, daß das in unsern Zeiten allerschmählichst und redlich geschmähte Unglück auch Euch, Ihr biederer Herr Rath und unser ehrbarstes Mitglied selbst, in Eurer Tochter das Herz uns gebrochen und im Leibe zerrissen, ja zermalmet hat. Weswegen wir Euch gebührendermaßen bedauern, da wir Euch nicht helfen können, ja nicht wollen, weil wir nicht wollen dürfen; **ausgenommen wir leugneten die Schöpfung der Welt, Sündenfall und Erlösung, und hätten wenig, ja keine Furcht vor einem Weltgericht**, das Gott uns Allen gnädig gebe! Amen.

„Weswegen wir Euch denn unsere gerechte Freude bezeigen und Euch hochbeloben, daß Ihr in Eurer — hoffentlich letzten Eingabe bescheidentlichst gar nicht mehr «**um das Leben**» Eurer verlorenen, ja schon vorläufig verfluchten **Tochter** Frederune bittet, sondern blos, zugleich als menschlich oder teuflisch nicht ganz zu leugnender **Großvater** von mütterlicher Seite, nun ihren leider nicht ganz zu leugnenden Mutterwunsch gottergebenst uns vor Ohren bringt, daß an dem zu Gottes Ehre angesetzten heiligen Tage der **Hurd**: ihr armes Würmlein, ein Knäblein oder ein Fräulein, oder so Gott so gewollt: gar Zwillinge noch im Mutterleibe noch und schon mit verbrennen müssen, ohne noch schreien zu können; ihr aber zur unnatürlichsten oder natürlichsten Qual, ja Verzweiflung, indeß wir zu unserm Heil nichts mit der Natur zu thun noch zu schaffen haben, also nicht zugeben können noch wollen, weil wir, wie besagt, nicht wollen dürfen, auch wenn wir wollten, und unsere Weiber daheim uns mit Thränen gefleht, ja bedroht haben aus weiblicher Schwachheit; weil ja Eure Tochter alsdann sogleich auf der Stelle verbrannt sein wolle mit ihrem Galan, wenn und sobald sie nur das Kind geboren, gesehen, zum Himmel gehoben und redlich, ja über die Maßen beweint; ja auch stillschweigend erdulden wolle und müsse, daß es nach seiner Geburt auf den Armen seines Vaters im Rauch ersticke und die kleinen Gebeine des armen Würmleins, des armen Ururenkels der naschhaften Eva mit zu Asche verbrannt werde, weil ihm die böse sündige Welt seinen Tod sogleich zugleich an den Anfang seines Lebelchens gesetzet.

„Diese entsetzliche Bitte ist aber die allerungewährbarste und wird der Mutter hierdurch ehrenfest abgeschlagen, welches Ihr derselben in Person zu verkünden und zu ihr in Kerker zu gehen, hierdurch Vergunst haben sollt, um sie von der Sündhaftigkeit solcher Bitte zu überführen und wo möglich ihre Seele zu retten, wenn der Glaube die alberne Natur von ihr austreibt. Darum überwindet Euch zu dem Gange eines rechtschaffenen Vaters und halb nicht zu leugnenden Großvaters und Rathes!

„Denn wäre das Kind nicht eines, wenn auch noch so schönen, reichen und ehrlichen, wenn man so zu sagen sich herausnehmen dürfte: — aber doch J u d e n Kind, so hätte das Mal nichts mehr, als tausend andere Mal zu bedeuten: es wäre ein richtig eingeschriebener Himmelsbürger oder Bürgerin, und sie nur eine voreilige Mutter, die gegen Buße und Reue noch ein „vergebenes" Weib sein könnte. Aber ein Judenkind von einer Christin ist die allergrößeste Blasphemie, eine geistige Unnatur, ein Kobold der Hölle, ein ver- und behextes Meisterstücklein des Teufels, ein sichtbarer Misbrauch der Kräfte Gottes mit Händen und Beinen, wogegen sogar ein pures Judenkind noch ein pures Engelein ist, verzeih' uns die heilige Mutter Gottes!

„Drum muß diese Misgeburt mit verbrennen, und muß ihr im Leibe noch lebendig mit verbrennen, damit Natur und Mutterherz durch unbeschreibliche Angst sie zur Erkenntniß ihrer unverzeihlichen Sünde zur gnadenerwerbendsten Reue bringt, und aus den Flammen sie rein in den Himmel eingeht — w e n n n o c h !

„Wir haben zwar hier wie in allen Städten am Rhein seit schon lange niemals ermangeln lassen, Hurde zu feiern, zu unserer Bezeigung; wie die vielen alten schwarzen Kohlen auf unserer Schädelstätte beweisen; aber in diesen neuesten und letzten Zeiten bedarf die Religion, wie eigentlich immer, einer tief und sichtbar eindringenden Erfrischung! Denn was die Augen sehen, das glaubt das Herz. Und so bleibt die Hurd festgestellt auf den Tag vor Carneval, zur Erfrischung der Seelen; und erfrischet auch Ihr Euch daran, wie wir Alle.

„Gegeben den 10. Hornung im Jahr seit

Erschaffung der Welt im 5,161sten, oder nach der neu eingeführten Jahreszahl seit Geburt unsers Herrn im Jahre 1212."

Wie die Mutter so über den Tisch gebeugt lag mit dem Gesicht auf den Armen, ohne vor Schrecken und Jammer nur eine Thräne vergießen zu können — wie Raimund, der Bruder des Todten — wenn ein Todter noch Bruder, Schwester, Vater und Mutter und Kinder hat und gehabt hat und noch haben kann anders als dereinst einmal vorher im wachen Leben gehabte Träume — als der Todte mit blassem Gesicht und vor der erbärmlichen Welt geschlossenen Augen starr dasaß — und indem der jüdische Arzt halb ingrimmig, halb lachend über die kindische Erde erhoben, durchdringend sann: wie da noch zu helfen sei, ja selbst durch die äußersten Mittel; indeß hatte sich die junge Tochter Irmengard, die sich zum Kreuzzuge der Kinder geweiht, erhoben, war wie eine junge Dämonin — um für die besondere Sache ein besonderes Wort zu gebrauchen — bis an den Tisch getreten, legte jetzt ihre Hand auf den Kopf ihrer Mutter und sprach erzürnt: Also Mutter, du hast mich belogen! Meine Schwester ist nicht nach Aachen gereist, sondern sitzt — und weswegen! — im Kerker der schwersten Todsünde schuldig, und unrettbar . . . das freut mich im erleichterten Herzen — denn sie ist meine Schwester nicht. Denn: wer ist meine Schwester? Und du bist meine Mutter nicht, wenn du eine Thräne über sie weinst! Denn: wer ist meine Mutter? Und der Mann da, der seine solche schuldige Tochter der so gnadenvollen seelenheilsorgenden, ja doch blos zeitlichen Strafe der heiligen Kirche entziehen will, also die Schuld und die Strafe, sich empörend, nicht anerkennt, der ist mein Vater nicht! Denn: wer ist mein Vater? Was ist er?

Er ist todt, ein heiliger Todter! ein Vater! ihm thut kein Zahn mehr weh! riefen Alle voll Grausen zugleich sie an.

Die begeisterte Irmengard schwieg plötzlich, schien

gerührt zu werden, da sie den guten Mann anstarrte, und dennoch aus innerm grauenvollen Trotz ihr Wort wiederholen zu wollen die Lippen öffnete, indem sie die Hand mit der Geberde des Abscheus gegen den Todten ausstreckte.

Alle sprangen auf. Raimund faßte sie mit beiden Händen in den Haaren, hielt sie starr fest, die ihn ruhig und lächelnd ansah, als er nach treffenden Worten im Geiste suchte und endlich nur hervorstürmen konnte: Du vertauschtes Teufelskind! Du auch kein Kind! keine Tochter! Du Molch aus der Hölle! Drauf riß er sie an den Haaren nieder auf die Knie vor die Mutter, und dann auf die Knie vor dem todten Vater, dessen kalte Hand er ihr auf das Haupt legte, zum Zeichen: er habe ihr vergeben. Dann riß er sie fort und stieß sie hinaus, und schloß die Thür hinter ihr zu. Aber sie donnerte mit den Fäusten daran, daß Allen der Athem verging, sie stumm sich ansahen, dann schamvoll über sie zur Erde und falteten die Hände.

Da trat Raimund an die Thür und rief ihr zu: O du rasendes armes Kind; o wisse: Niemand lebt, der nicht in jede Schuld verfallen kann ... hüte du dich nur, daß dich nicht ein Anderer verführt, — ja daß du dann dein Kind nicht ermordest aus verzweifelnder Ehre: unschuldig zu scheinen! Du alberne junge, noch pipende Gans, du weißt es nicht: **wer etwas verwünscht, der steht dem Verwünschten näher als Alle, die es gelassen empfinden.** Haß und Verwünschung richten nichts aus, als sich selbst nur zugrunde. Doch was weißt du armes verdreht gemachtes Schaf, und sehr richtig und tüchtig verdreht, das muß man mit Thränen in Augen gestehen! — Doch dies mein Wort das soll dir keine Prophezeiung sein, nur eine Bitte um Schwester- und Mutterliebe.

Der jüdische Doctor aber sprach: Da ist doch Moses ein anderer Mann; und sein Gebot: „Du sollst deinen Vater und deine Mutter lieben und ehren", ist das erste und letzte allen natürlichen Menschen, und wird die Welt ausdauern selber bei wilden Thieren, Bären und Löwen, und Kühen und Kälbern. — Und wenn, was Gott verhüten möge und zu verhüten versprochen hat, daß die Welt noch einmal losginge, so würde das Gebot als das Erste aus der Erde wieder aufwachsen in Schlangen und Geier und Alles was kreucht und fleugt. — Ihr armen Leute! D e r L i c h t w e r t h   u n s e r e r   E r d e   i s t   n o c h   w e n i g   w e r t h ; sag' ich dazu als Astrolog.

Die Mutter aber ging zu ihrem gestorbenen Manne, beklopfte ihm Haupt und Schulter mit der Hand, küßte ihm die Stirn und sprach dann: Wie gut haben es doch die Todten! Hier den Vater rührt solch Grauses nicht einmal zu einem Seufzer! Und über den ich nicht Thränen fand, den muß ich schon segnen — den Todten! Und wie viel wird er noch verschlafen! O, es ist auch ein Großes todt zu sein und sich nicht zu empfinden oder die Welt; denn fühlten wir Menschen die Welt noch, wären wir da selig? O Zeit, zu welchen bittern Qualen und unnöthigen Worten zwingt uns das liebe leidige Leben. Wann habe ich glückliches, ruhiges, einfaches, ja albernes Weib, wie mein weiser Mann und Rath mich oft nannte, je solche Dinge überhaupt oder nur für Andere erträumt, die ich erlebt und noch erst recht erleben soll! O meine arme Frederune! und gar erst meine arme Irmengard! . . . Mir hat einmal ein unglücklicher alter Mann gesagt, den ich trösten und beschenken wollte: „Mein gutes Kind, sagte er, da sagen sie, ohne daß es Einer gesehen hat: Gott hat die Welt geschaffen — glaube es, wer es will und kann, ich weiß und sage: G o t t   h a t   d i e   W e l t   g e w e i n t ! und die Sterne sind dir schimmernden Thränen aus seinen Augen, und so unzählige — er muß lange und viel geweint haben, oder er weint noch schweigend immer fort." Den Mann versteh' ich erst heut, und glaub' ihm noch morgen.

Die Mutter war darauf ihrer Tochter, die darum immer ihr Kind noch war, weinend nachgegangen. Die Tochter war ihr zu Füßen gefallen, und hatte ihr geschworen, sie werde im Heiligen Grabe zu Jerusalem für den armen Vater beten! Und die Mutter hatte das angenommen, um sie zu schonen; denn sie fühlte ihr an, daß sie krank war, sehr krank im Kopf und darum auch im Herzen, und beruhigte sie in der Hoffnung, daß s i e, als ihr letztes Kind, sie nun doch nicht verlassen und hingehen wollen werde — wo sie nicht hinkommen, nur umkommen werde.

Aber Irmengard frug sie dagegen nur: Kann ich und du nun in der Schande mit Ehren hier bleiben? Komme du selber auch mit! Denn wie viele arme Weiber haben auch das Kreuz genommen! Und selber alte, die sich getrauen doch mit uns Kindern fortzuwatscheln und zu humpeln. — Und die Mutter schwieg. Aber sie bestellte durch den Hauswart die Brüderschaft, die das Begräbniß besorgen, aber sogleich d e n S a r g herbringen sollte, um den Todten, den das Volk aus Mitgefühl für einen Selbstmörder halten könnte, wenn auch gerade für einen redlichen Vater — die Nacht noch hinaus auf ihr Schloß nach der Lindenburg zu tragen oder zu fahren; sie werde ihn begleiten. Irmengard komme mit. Von dort aus wollten sie ihn still in ihre Familiengruft nach Melaten begraben.

Drittes Capitel.
Der Rath.

Raimund hatte seinen neuen Freund mit auf sein Zimmer genommen, und die flinke Gaiette hatte ihnen Rheinwein, grüne Becher und einen Teller Carnevalgebäck dazu hingestellt.

Sie gingen Beide gegeneinander auf und ab und blieben zu Zeiten in der Mitte stehen, noch ohne zu reden, nur zu trinken vor erduldeter Tageserhitzung und der Erregung des Abends, während das Carneval eingelauten ward, und das lustige Volk durch die Straßen schwärmte und sang. Dem hörten sie so eine Weile zu — als sei das die Welt.

Endlich sprach der Arzt zum Kaufherrn: Wir sind Zwei, und Ihr habt zwei Aufgaben zu lösen, schwere, schwere: Eure zwei Mädchen da zu erlösen, die ältere vom Tode geradezu, und von welchem? . . . die andere vom Kreuzzug, also so gut auch wie vom gewissen Tode. A b e r d i e K i n d e r s i n d a n g e s t e c k t. Es ist nur Feuer in sie angelegt. Sie sind k r a n k — weiter nichts als k r a n k. Uebernehmt Ihr die ältere zu r e t t e n, ich will die jüngste übernehmen zu h e i l e n, und mit der stärksten Hoffnung nicht nur, sondern mit Zuversicht. Denn sagt nur kurz: seit wann sind erst Menschen nach Jerusalem gezogen? Immerfort seit Erschaffung der Welt? Oder meint Ihr, ohne rasend zu sein, daß Menschen alle Jahrtausende noch hinziehen werden — bis, wie Eure Frau Schwägerin von dem armen Lebensleider gehört: die Welt a u s g e w e i n t hat und die Augen zugeschlossen. Das ist nur ein „raptus", eine geistige Witterungskrankheit, eine Ausbildungskrankheit des Menschen, wie die Kinder am Zahnen leiden und sterben. Die selbst in der Ausbildung begriffene Erde hat bekanntlich die ihr angestammte Pest — den Tod. Die Erde ist immer so still krank und hat ihre Krankheiten, die ihr aus dem Bauche kommen; sie hat die Wassersucht und die Feuersucht, wie die Sündfluten und die Erdbeben, Fieber und Erbrechen von Steinen und entzündetem Lavablut, uns höhern Aerzten bewiesen. So leiden die Menschen hier und da Alles mit der Erde, jetzt D i e s, zu andern Zeiten D a s, bis sie platzt. Für die Menschen aber besonders theile ich die Krankheiten ein in Kopf-, Oberleibs- und Unterleibskrankheiten; und der Bauch, a u s d e m d i e T r ä u m e k o m m e n, spielt gerade die größte Rolle. Darum muß dem Bauche geholfen werden, damit sie nicht zu Kopfe steigen. Wie viel plötzlich ausbrechenden Wahnsinn, wie viel Versetzungen der Menschen in sinnlose Dinge haben alle Aerzte schon leicht im ersten Anfall gehoben, sodaß sie mit Recht und zum Heile verworrener Köpfe jetzt den Muth haben, Menschen zu heilen von irgendwelchem Glauben, wie mir ein anderer jüdischer Arzt in Spanien beschworen hat, daß er unzählige Sarazenen, Mauren, die vor Sehnsucht, ja Wuth nach dem Heiligen Grabe wiederum i h r e s Propheten zu pilgern ... und von Mekka auf zeitlebens — und n a c h i h r e m T o d e also damit zugleich — o h n e R ü c k f a l l glücklich curirt hat. Und da, wie ich höre, Ihr alsbald nach der Lindenburg hinauszieht — so laßt mich mit; ich will Euch die kranke Irmengard heilen, und am liebsten mit mehren Kindern zugleich in Gesellschaft; und will heimlich mir kranke Kinder werben gehen, deren Aeltern den Tod derselben sonst vor Augen sehen, und ihr ganzes Vermögen darum gäben, sie zu Hause behalten zu können, und sie nicht halten dürfen! Die ganze Geschichte ist nur eine

Krankheit, die mit T h r ä n e n über Andere beginnt — und wenn die Kranken erwachen, mit Thränen über sich selber erlischt und in Reue und Beschämung erstickt — und doch sind die Kranken unschuldige Leute, wie alle Kinder unschuldig an ihrer Geburt.

Sein Freund lächelte und sagte ihm: Thut Das, was Ihr um unsere Irmengard thun wollt; denn Euere Rede ist nicht ohne Grund der Erfahrung. Aber wie helfe ich der andern Schwester? Das letzte Mittel wäre — Gift.

Die arabischen Aerzte, jetzt fast allein noch erst die vernünftigen auf der Erde, sprach der jüdische Doctor, haben ein Gift, wenn man es mit dem widersinnigen ungerechten Namen beschimpfen darf, das f ü h l l o s macht, selbst wenn man die Hand, das Gesicht, oder die Nase nur, in Feuer steckt — das würde sie also schmerzlos in Flammen sterben lassen oder zuvor im Kerker; aber eben „s t e r b e n ", das will sie weder jetzt im Kerker, in welchen Ihr laut des christlichen Decrets freien Zutritt habt, noch in der Hurd auf dem Hügel da draußen, b i s sie ihr Kind geboren, um welches sie als heilige Mutter des Himmels und der Erde ihr Leben gibt — sie will nur mit dem Menschenkinde a n i h r e m T h e i l d i e W e l t m i t g e s c h a ff e n und mit g e w e i n t haben — dann hat s i e i h r e n Evatheil erfüllt, und will dahin, begraben und vergessen sein wie Eva, und Der, der sie und ihren Namen erdacht hat. Denn kein Mensch hat damals oder jemals gesehen, wie Gott der Herr, oder die Elohim die Welt, die Erde und das liebe Paradies erschaffen und den Baum des Lebens, aber auch den Apfelbaum und die Schlange darein gesetzt. Darum versucht Ihr die Erlösung m i t G o l d ! Die Gelegenheit für Gold ist immer, Tag und Nacht, und jetzt in der tausendjährigen Nacht, zu jeder Stunde.

Ich will mit Freuden ein Faß große Rosinen daran setzen, rief der Kaufherr freudig; das heißt, erklärte er leiser dem Freunde: ein Fäßchen Gold, ja das zweite; mit dem dritten bin ich noch zwei reiche Männer. Der Handel hat mich gesegnet und ich habe noch ein Schiff in See. Auf! Gleich fort! Man kann nichts Nötiges Zeit genug thun; oft eine Stunde zu spät bekommt man nicht mehr, was man bedürfte ... ist der Mann nicht mehr da, der uns hülfe! — Da steht man bestraft für die Saumseligkeit, die Mutter der Versäumniß. Darum gleich fort in den Hansesaal unserer reichen Stadt Köln, der mächtigen Stadt, einer alten Stadt, in Wahrheit schon vorher herrlich, ehe man noch A n n o E i n s schrieb, welche Einführung alle Chroniken erst recht verworren und finster macht, und vor der Hand und noch lange alle Contracte. Und mein Köln — sammt seinem ganzen Weichbild mit S t ä d t e r e c h t — es baut jetzt 300 Schiffe und ist Stapelort der weit mächtigen, innig verbundenen Hanse. In ihrem Saale hören wir von Fremden aus allen Landen und von den einheimischen Männern — Ihr von Euern reichen klugen Juden, und ich von meinen ehrenwerthen Unglaubensgenossen, alles uns Nützliche — den Stand oder die Lage der Dinge. Dem Kaufmann, dem ist die Welt mit allen geistlichen und weltlichen Dingen nur ein Handelsartikel, nur eine Kaufhalle vom alten heidnischen Gott Mercurius, der aber selbst k e i n Heide war, da er ein Gott war. Und obendrein heut', als am Sabbath, ist alter Versammlungsabend; die Sonne ist unter, und der Mond erleuchtet die Straßen.

Viertes Capitel.
Der Saal der Hanse.

Als sie nun hinaustraten, mußten sie vor Ueberraschung stehen bleiben und hören. Ein dumpfes Getrampel ließ sich vernehmen, ein dumpfes Gerufe, ein Gesumm und Gesaus und Gebraus; viel tausend Stimmen durch- und ineinander, aber alle als ein einziger Hall, wie von gedämpften Instrumenten, ein kicherndes Lachen von Fröhlichen, die sich den Mund zuhalten.

Das sind Masken! sprach Raimund zu seinem Begleiter; das hört sich an wie ein verschlossener Hühnerstall. Das erinnert uns, in einem Laden auch Masken vor unser Gesicht zu kaufen.

Sie drehten und wandten sich langsam durch das fröhliche Volk, fanden bald einen Laden, bemasketen sich und gackerten sich auch einen Augenblick an, von der Lachkrankheit angesteckt, wie der Doctor sagte, und um sich an ihren ganz anders klingenden Stimmen wiederum zu erkennen. In einem Spezereiladen kaufte er dann zu der morgen des Tages gleich vorzunehmenden Cur ein kleines Paket von seinem Hauptmittel, der Basis, das er zu sich steckte, und einen halben Centner „Adjuvans", das er bezahlte und versprach, Morgens Sonntags früh gleich abholen zu lassen. Er kaufte zur Verwunderung so viel, weil viel tausend Patienten waren, von denen er sich zahlreiche Kunden versprechen durfte.

Wieder auf der Gasse, hörten sie in der Ferne mit

Erstaunen die Glocken auf den Thürmen schlagen, aber ohne Maß und Takt, wie von mächtigen Schmiedehämmern oder Posseckeln, ... die Glocken schlugen nicht, sondern sie wurden geschlagen — zerschlagen. Näher hinzugeeilt, hörten sie an der nächsten Kirche die hohen Fenster mit Steinen einwerfen, mit Pfeilen und Bolzen von Armbrüsten und Rüstungen einschießen, daß sie droben gellten und die zerschmetterten Scheiben drunten auf den Steinen zerklirrten; und nach jeder solchen Salve scholl ein Gesammtlaut auf, wieder wie aus einem ungeheuer großen Hühnerstall, was deutlich anzeigte, die dumpfen greulichen Schreier schrien und lachten und krähten aus Masken.

Das ist Meute! Das ist nicht Lust, das ist Schadenfreude! sagten die Freunde zueinander. „Das sind die furchtbaren Wollenweber!" sagte eine Stimme eines Vorüber- und zu dem Aufruhr Eilenden.

Ein anderer kam, schon weislich entflohen, von dem gefährlichen Orte zurück, und sagte zu den furchtsam und müßig Dastehenden: Sie sind mit Waffen maskirt; Helme quirlen sich unter der Menge, Spieße erheben sich und Hellebarden — da sind denn auch unsere „Funken" dabei, die die Stadt und was drinnen ist beschützen sollen. Aber andere Funken wehren auch wieder selbst den Andern. Das verspricht dem Dinge ein baldiges Ende, wenn auch durch erbärmliche Schläge und Beulen und Wunden.

Ein Carnevalspaß muß sein! riefen Andere, aber nicht muthig, sondern mit Angst.

Und unter weiterwährendem Toben und Brausen, dem Fensterzerschmettern und Klirren und dem Glockenzerschlagen auf den Thürmen, eilten der Kaufherr und der jüdische Doctor mit seinem Heilgift aus dem Gedränge, das je ferner je dünner ward, nach dem großen, über tausend Menschen fassenden Hansesaal im Rathhaus.

Sie gelangten mit Mühe nur schon vor den Saal, dessen Thüren weit offen standen, und der große Raum stand vollgedrängt von Menschen. Vor ihnen drängte sich ein starker vierschrötiger Weinkärrner hinein, der rief: Hoho, hier kann ja kein Apfel zur Erde, geschweige ein Kürbis, und wenn eintausend von der Decke fielen, da wären wol dreitausend Kürbisköpfe darin. Hier kommt man nicht mit Füßen, nur mit Elnbogen hinein.

Und diese setzte er sogleich an, und hinter ihm in der Lücke gelangten sie mit hinein bis in die Mitte. Sie stellten sich auf die Zehen und sahen bei dem Scheine der vielen Kronleuchter an der Decke und der blitzenden Wandleuchter, daß an mehren Tischen dahinten doch Männer saßen, dicke und wohlhäbige, die ganz gewiß schon vorher bequem hineingegangen sein mußten. Alle waren in lebhaftem Streit. Einer erzählte, was draußen geschehen, noch geschehe, und gar erst die Nacht geschehen könne oder würde. Ein Anderer schaltete Nachrichten oder Ergänzungen ein. Viele widersprachen auf ein mal zugleich, und noch Andere erklärten den bloßen — so Gott will — „Pfutsch" — sich viel oberflächlicher, dagegen dort ganz Weise und Tiefsinnige die Sache sich weiser und tiefer. Darauf schwiegen durch Zufall Alle zusammen zugleich, und die Pause ward durch ein schallendes Gelächter erfüllt. Danach versicherte ein Judenfreund oder -Feind: das Ende vom Liede werde sein, daß man einige, gewiß bei Allem neugierige Juden scheinbar bei der That ertappen, ergreifen und einstecken würde, für deren Freistellung ihre Leute die Kirchenfenster würden machen lassen und die Glocken umgießen müssen.

Gut, daß das nicht alberne prasselnde Schloßen gethan haben oder die himmlischen Blitze! Was würde man mit denen allerhöchsten Personen thun? — Da ist es mit dem Einstecken nicht recht richtig und mit dem Bezahlen so eine Sache! rief eine stämmige Maske zu allgemeinem Gelächter darein, soweit man ihn gehört.

Du, vergreif dich nicht an Kirchensachen und an

unschuldigen Kindern! sowie jetzt unsere Herren Kanzelredner seit Sonntag die ganze Woche in den Morgen- und Abendpredigten sich aus Menschenverstand und wahrer Seelen- und Leibes- und Lebensvorsorge an den jungen Kreuzfahrern, oder Kreuzfahrjungen und -Mädchen vergreifen, und an den alten armen Weibern, die unterwegs sich besser Brot erwarten, oder überhaupt nur welches, und wo möglich hoffen, gerade im Heiligen Grabe zu sterben. So rief ein Anderer, dem ein anderer Narr mit der Pritsche „auf das lose Maul" schlug, sodaß er schweigen mußte vor Lippenblutspucken, während ihn ganz anders Gekleidete in weißen Masken kichernd und bellend und miauend auslachten, von denen Einer nachher nur halblaut sprach: Der „Dülpner" hat es getroffen! Dasmal geht es gegen die Vernunft der Geistlichen, die Recht haben, wider den Kinderkreuzzug zu predigen. Was man alles erlebt: brecht ab! laßt das Wort fallen und zerstreut Euch im Saale!

Und sie folgten langsam und unauffällig.

Da brachten vier bewaffnete „Funken" einen verwundeten Mann in den Saal getragen, „englisch", wie man es nennt, auf Händen. Der Mann in prachtvoller Narrenkleidung hatte keine Maske vor, sowie die Meisten im Saale keine, aber sein Gesicht sah doch wie eine Larve aus mit der dicken zerschlagenen Nase, geschwollenen Lippen und übel zerzausetem Bart. Alle erkannten ihn dennoch sogleich und schon an dem Wappen der Familie seines Herrn, Sr. Gnaden des Erzbischofs, in dessen Palast man vor Gedränge den armen Mann nicht hatte bringen können. Wo er vorübergetragen wurde, machten sie ihm eine Gasse bis an die hintersten Tische, woran die Herren saßen, und alle erkannten ihn und riefen ihm im Vorübergetragenwerden zu: Ach, du unser redlicher lieber Justus Jost! da bist du einmal „stultus in partibus Insanorum" gewesen! Du hilfst gern Allen; das ist auch eine Thorheit. „Die Klugen haben am meisten zu lernen; die Dummen brauchen nichts zu wissen."

Die beiden Freunde gelangten hinter dem armen Mann her, und Raimund mit besonderm Interesse und aufsteigender guter Hoffnung. Denn der Jost, und richtig auch J u s t u s   J o s t, war sein treuer lustiger Kamerad in der lustigen Jugend bei allen klugen und dummen Streichen gewesen, und hatte, wie er sah, sein vortreffliches Brot und das ehrenvollste wichtigste Amt durch seine höhere eigenthümliche Ausbildung gefunden, was Andern mit allem Ernst und aller Ernsthaftigkeit nur schwer oder selten und erbärmlich gelingt.

Einige der Herren standen sogar auf vor ihm, bedauerten und fragten ihn, was ihm fehle — und er zischte: O, ich h a b e   es noch! Alles! und zeigte ihnen ein paar ausgeschlagene Zähne, und betupfte die Nase, und legte die Hand auf die Brust und sagte: ein folgsamer unschuldiger Stein traf sie mir nur! was will ich da sagen, als: memento mori! Und er lächelte mit dem entstellten Gesicht sehr freundlich und setzte noch hinzu: Auch die Welt sprech' ich schuldlos, und gar erst nun d e n   W i l l e n   d e r   D u m m e n   kann ich nicht schuldig finden vor tiefstem Mitleid. Dummheit verdient nur die grausame Strafe, klug zu werden.

Diese Narrengesinnung rührte seinen Jugendfreund Raimund, daß er zu ihm kniete, seine Hände faßte und drückte, ihm klar und hell in das Gesicht sah, und ihn frug: Mein Jost, mein Justus Jost, kennst du mich noch?

Ach du! Du! du kommst noch zur rechten Zeit — noch vor Morgen! sprach Jost.

Morgen will ich ja zu dir kommen und zu wann vergönnst du es mir? Ich habe dich Schweres zu bitten, sagte ihm Raimund leiser.

Ich weiß, ich weiß, antwortete ihm Jost. Aber da muß ich dich bitten: komme früh! das hat so seine s t e r b l i c h e n

Ursachen! Nun habe ich dich doch wiedergesehen — dich losen guten Schelm! Ein Jeder hat seine letzte Freude.

Darauf hielten sie sich an den Händen stumm.

Der jüdische Doctor aber rieth, wenn er sich erholt und die Straße ohne Gefahr worden, ihn in den erzbischöftichen Palast zu bringen, daß ihm Hülfe geschehe.

Die vier bewaffneten „Funken", die ihn hergetragen, und Andere, die ihnen gefolgt waren, sperrten indeß durch ihre Stellung den Kreis, wo die Herren saßen, und wo es nun stiller ward, indeß es ferner im Saal noch Gewirr gab.

Nun was meint Ihr, lieber von Hompesch, zu dem Angriff auf die Kirche? da das Volk damit den Geistlichen glaubt an die Seele zu greifen; denn ohne Kirchen keine Kirche, ohne Hausrath kein Haus, ohne Geschäfte darin kein Leben, „das" ist keine ganz alberne Meinung; was meint Ihr, da Ihr gerecht und billig seid gegen Freund und Feind? So fragte ihn ein anderer vornehmer Patricier.

Ich meine, lieber Riedesel, erwiderte der stattliche gediegene Mann, unsere Geistlichen hier zur Stadt wie umher zu Lande sind mir bewundernswürdige redliche Leute, die ihre Pflicht, dem Volk zu helfen und zu allem Guten seine Diener zu sein, selbst mit Gefahr, dafür Leiden zu ernten, unverzagt erfüllen. Das zeigen sie klar daran, daß sie jetzt in den Häusern von dem Kinderkreuzzug abreden, in den Kirchen davon mit Thränen abpredigen, und wagen damit selbst ihr Verbleiben in der Stadt — damit nicht die wol zwanzigtausend Kinder[2]) aus dem Rheinland und drüben aus dem nächsten Deutschland, — den Vätern und Müttern zum Gram in weiter nichts als unermeßliches Elend rennen!

Da sind aber Andere, die obschon gläubigen, zahlreichen, mächtigen Wollenweber oder Tuchmacher und Tuchknappen, die klüglich und vernünftig selber ihre Kinder zu Vernunft prügeln, die sie einsperren, um sie nicht zu den Umzügen und Processionen der Kinder laufen zu lassen, die sie zu fernen Anverwandten und Freunden, selbst bis nach Holland, bis Nürnberg und noch weiter heimlich fortführen, bis der alberne Sturmwind vorübergebraust; und was thun erst Alles die verschlossenen, unkennbaren „Reinen" oder Ketzer, von denen unsere Stadt halb voll ist — was thun sie? Sie ergreifen jetzt, für jetzt und für die Folge, die Gelegenheit, die so vernünftige Geistlichkeit überhaupt bei dem gläubigen Volke verhaßt zu machen, weil sie vernünftig sind. Ist so Etwas schon vorgekommen? Was meint Ihr dazu, unser alter Hardenberg.

Und der gelassene Alte sprach, aber leise: Ja! und wie verehrungswürdig und väterlich gegen alle seine Kinder, die ihm vom Himmel zur Erziehung anvertraut sind, erscheint da erst unser Heiliger Vater, der seinen Namen „der Unschuldige" mit dreifachem Recht führt. Unschuldig war er am Kreuzzug. Hätte er ihn v e r b o t e n , so hätte das Volk ihn für einen Türken gehalten, wol abgesetzt. Er dürfte noch keine Kirchthür an dem alten einfallenden Peter an einem Heiligentage verschließen, das Volk sprengte sie auf ... nicht einer gemalten Muttergottes die Lichter vor ihrem Bilde an einer Straßenecke auslöschen lassen ... nicht einem Büßenden sagen: „Lieber Freund, oder liebe Freundin, kein Mensch kann eine Sünde vergeben, und Priester sind Menschen. Geh' reuig nach Hause und bessere d i c h — und G o tt vergibt die Sünden unerforschlicherweise." Seine Vorfahren wurden und waren nur mit aller Menschengewalt bekleidet, weil sie das Alles leiblich und zeitlich, und örtlich und hörbar, und sichtbar und fühlbar vor- und darstellten, was d a s V o l k wollte, daß sie wären, und was es zu bedürfen schien, ja so wie es war, es wirklich bedurfte i n s e i n e m   r o h e n   u n b e h o l f e n e n   L e b e n   v o l l t a u s e n d   M ä n g e l n   i n   t a u s e n d   A n g s t   u n d N o t h . Einem solchen armen Volke die Priester nehmen, die heilige Messe austilgen, daß nicht Gottes lieber Sohn täglich für dasselbe geopfert würde und der Welt Sünden auf sich nehme, damit sie wieder fröhlich von frischem strebten, wie neugeborene Kinder, d a s war unmöglich. Ohne letzte Oelung gab es keinen getrosten Tod, keinen Himmel; sie hätten gemeint in das Fegefeuer zu stürzen, unerlösbar ohne Fürbitten, und sterbend auf ewig vom Teufel geplagt in der Hölle zu schmachten unerlösbar. Wie wohlthätig ist solchen armen Seelen, so lange sie solche sind, ein göttlicher allmächtiger Stellvertreter Petri mit den Schlüsseln des Himmels auf Erden — und wie wohlthätig ein mächtiger Pfarrherr auf jedem Dorfe, ja nur eine Kapelle, weit umher zu sehen auf ihrem Berge ins Land hinaus — **nur ein Glöcklein, das Abends Frieden ausduftet über das Land** — und ein Kreuz am Wege, Tags im Sonnenschein, beglaubigt vom blauen Himmel droben, und des Nachts im Walde im Mondenschein, den verirrten Wanderer anleuchtend wie mit Gottes Auge, das getreu ihm zublinkt: „Sei getrost — ich bin da!"

Das ist wol wahr und hört sich recht lieb, ja schön an; sprach ein anderer Herr noch leiser, ein Rathsherr, an seiner Kette mit dem Stadtwappen in Gold geprägt erkennbar; das Volk will Alles, was ihm in der Wiege der Erde **inwendig** einkommt in seinem Schlafe, auch auswendig in der Welt sehen, es will es greifen; es will in eine trauliche Kammer vernagelt sein; es will für die unendliche Zukunft ein Ende der Welt, ein Weltgericht, da es nichts ohne Ende begreifen kann — es will für **alle** Sünden **einen** Vergeber, für **alle** Uebel nur Einen Erlöser — für alle Begebenheiten, ja Träume, eine Zeit und einen Ort — für alle Heiligen je ein besonderes Bild — für alle besondere Noth einen besondern anrufbaren Namen — und für sein enges Herz die ganze Welt in der Nuß, in der **Erdenpilgertasche** — in der Scarsella. Aber Eins ist noch wahrer, **noch entsetzlicher** wahr: das ist die Trägheit, die Faulheit, die willige Versunkenheit, wie ein früh Erwachter **wieder** aus der blendenden Morgensonne unwiderstehlich in den seligen Schlaf sich begräbt. — Ein gewisses faules Leben gefällt Allen! Wozu sich übermäßig plagen? . . .

Die Welt hat Zeit! . . . und die Plage hat kein Ende. Darum plagen wir uns im Schatten, auf dem Bauche liegend, und rufen wie die vormalige faulgewordene römische Jugend:

"Ach wäre das doch arbeiten!"

Manche lachten und drohten ihm mit dem Finger. Und ein sehr klug aussehender bürgerlicher Herr aus dem weitern Rathe mit der nur silbernen Kette sprach: Draußen schon sagte mir unser alter kluger und schlauer Metternich, Herr auf Metternich: „Da ist wol auch ein anderer Einwurf mit in die Berathung aufzunehmen, warum die vorsorglichen frommen Herren den Kinderkreuzzug erst recht nicht wünschen, ja fürchten: de n n reisen, weit und lange reisen, das macht klug über Das, was ist, was sein kann, und was nicht! Und nun gar unter fremden Völkern sehen und sich überzeugen, daß ein gewisser Gott sie segnet, daß sie Frau und Kinder haben, und seelenruhig froh und glücklich leben voll Hab und Gut, Aecker und Vieh wie andere Menschenkinder, und zuletzt alt und lebenssatt selig sterben auf ihre Art, ohne je das Alles oder nur Etwas davon zu glauben, was der Reisende für einzige Bedingung des Lebens gehalten hat ... und bedenklich wird, sehr bedenklich, selbst über die Gräber, die so heilig im Scheine der Sonne, von Rosen und Jasmin umblüht, in Frieden stehen, und zu denen sichtbarlich-fromme schöne Menschen, Frauen und Jungfrauen, Männer und Kinder kommen, um diese ihm sonst entsetzlichen Todten, als menschliche Teufel erschienene Todten, endlich zu beweinen. Da bricht wenigstens die Duldung aus dem rohesten Gemüth, die Verwunderung aus dem unverdorbenen ... und das Segnen aus dem für alles Schöne und Gute empfänglichen Menschen. Und nie kehrt ein Reisender unverwandelt wieder in seine Heimat; und Pilger sind auch Reisende! — und alle Heimgekehrten sollten unter Clausur gestellt werden, verordnete ich, um meines hergeschlafenen Lebens sicher zu sein, um keine Kirschen essen und keine morgenländischen Märchen, weitgläubig geworden, anhören und mich freuen zu müssen."

Sage mir Einer was er will, setzte der alte Herr draußen noch hinzu: Alles ist Etwas für den Tag, und sehr viel für morgen und übermorgen. Die reife Aehre ist voll Körner. Und immer gibt es vorschauende Männer, die sich wenigstens nach den Wegen in dem Walde der Zukunft umsehen, und überhaupt doch ahnen, was die Menschen mit ihrem leeren und schweren Herzen gern hätten und wie sie gern lebten. Ich werde daher gleich in der Montagssitzung beantragen: den Bau der 300 Schiffe zu beschließen, die wir Stadt Köln, freie Reichs- und freie Hansestadt, zum Handel und zur Kreuzfahrerverschiffung um Gibraltar herum ins Werk setzen, womit wir zwei Fliegen zugleich schlagen: die geistlichen Herren in ihrem Werk unterstützen, und die mächtigen Wollenweber beruhigen, die nur mehr Gewalt in der Stadt und darum in den Rath wollen, um dann nur desto erfolgreicher dem Erzbischofthume zu widerstehen — blos weil es ihnen eine nicht besonders günstige und grüne, sondern wiederum aus seiner Pflicht oft stachelige starre Macht ist. Und ich sehe den Tag im Geiste voraus, wo die himmlischen Mächte, nach einer Kreuzschlacht aus der Stadt geschlagen, auswandern, oder wo die Wollenweber nach einer Weberschlacht mit zerbrochenen Weberbäumen und ihren ellenlangen, zerbrochenen, stählernen furchtbaren Tuchscheeren auf ihren Schifflein hinausschiffen müssen — aber ich sehe auch den Tag, wo sie dennoch wieder zurückkehren, die Stadt belagern und wenigstens sich die Aufnahme in den äußern Rath durch Unentbehrlichkeit und Reichthum ertrotzen. Dabei möchten denn viele Häupter des hohen Raths fallen![3] Wir leben also Alle in gar keiner spaßhaften Zeit.

Jetzt meldeten hereingekommene „Funken", daß es nun möglich sei, auf gewisse Weise den Freund aller Kölner, den theuern Narren Jost, nach Hause zu bringen, um verbunden und geheilt zu werden, oder doch ruhig in seiner Kindesheimat, dem Bette, bei Frau und Kindern zu seiner traurigen Freude entsetzlich beweint zu sterben. Die gewisse Weise bestand aber darin: die Funken hatten auf der Straße einen vorübergetragenen Sarg aufgefangen und brachten ihn herein. Männer Einer Brüderschaft in gleichen Kappen und Masken ergriffen das Mittel, fütterten den Sarg mit Teppichen aus, baten den Narren, sich gefälligst in den Sarg zu bemühen, hoben ihn sanft, legten ihn sanft hinein, deckten ihn zu, erhoben ihn nur halb bis durch die Pforte hinaus, erhoben dann den nach Gebrauch offenen Sarg ohne Bahre auf die Schultern; einer der Ihren trug den Deckel nach; mehre Andere bildeten sogleich einen Zug, dem zwei Fackeln vorleuchteten. Ein Sarg hat selbst für einen B e t r u n k e n e n eine gar wunderliche Einwirkung, schneller wie ausgepreßter Kohlsaft. Sie begannen eine Lamentation zu singen; die Masken auf der Straße machten Raum für den Zug, und begleiteten in plötzlich fromm gewordener Weise den angeblich Todten, dem ein leiser duftiger warmer Frühlingsregen in sein offenes Gesicht sprühte, und der endlich selber in rührendem tiefen Baß seine Stimme erhob, das „Tuba mirum spargens sonum" begann und das „Requiem aeternam" wundervoll sang.

Aber gute Seelen liefen voraus, um seiner Frau zu sagen, sie solle nicht erschrecken! Der jüdische Doctor, als überall hülfreich, wo er durch Beistand und guten Rath oder auch nur durch eine Warnung nützen konnte, und immer ein kleines Besteck bei sich führte, hatte dem armen Narren das Geleit hinauf gegeben, und sein Jugendfreund Raimund auch. Sie hatten eine liebenswürdige gute Frau und liebe Kinder gefunden, zwei Knaben und ein Mädchen, die von des Vaters heiterm, klugem und witzigem Gesichte belebt, jetzt um desto mehr weinten und klagten, da es sein Leben galt. Beiden Männern war der Narr ein unersetzlicher Schatz durch seinen Einfluß bei dem als gut und lobens-

und liebenswürdig bekannten alten Erzbischof. Dem Arzte war der Narr theuer aus Glaubensverwandtschaft mit dem zum Feuertode verdammten Juden; — dem Kaufherrn und jetzt zum Patrizier und Vorsteher der Familie gewordenen Raimund aber durch Blutsverwandtschaft mit der verunglückten schönen F r e d e r u n e. Die Träger und die Geleiter des klugen Leichenzugs zogen mit dem Sarge, von der Frau bedankt und beschenkt, wieder ab. Die Freunde aber blieben und schieden erst, als der Arzt Umschläge über die Nase gemacht, eine Ableitung auf die Brust gelegt, ihm Ader geschlagen und zuletzt ihm noch die beiden unversehrten Zähne auf frischer That wieder eingesetzt, und den Kindern, die bei dem Vater wachen wollten, gesagt: Kinder, sagt nur dem Vater immer: „Vater, beiße die Zähne zusammen!" Und der arme Narr hatte den Freunden gesagt: Wer einem die Nase curirt, der hat ihm mehr als den Thurm wieder aufgebaut, der gen Damascus schauet; und mit den Zähnen hat er einen Stein, ja zwei Diamanten bei ihm im Brete — das heißt diesmal: im Munde. Uebrigens freue ich mich zuerst auf die blaue — dann auf die grüne — dann auf die gelbe Nase durch alle Dur- und Molltonarten der Maler, als Musikanten für die Augen. — Es wäre meiner Frau nicht lieb, wenn ich noch mit heutiger blutiger rother Nase im Sarge paradiren müßte; denn ich habe heute die Reden noch nicht vergessen und die Schläge von meinen weinenden Tanten nicht, daß ich meine alte Großmutter unversehens in ihren allerletzten Tagen etwas furchtbar mit einem spanischen Rohre über ihre große edle Nase geschlagen, die sie blau mit gen Himmel genommen. — Also morgen früh auf Wiedersehen, und hoffentlich meinerseits nicht auf ein einseitiges, ein bloßes G e s e h e n w e r d e n.

Sie verbanden ihm noch den Mund, zu ruhigem Anwachsen der Zähne in ihren Kapseln, und begaben sich wieder nach dem Hansesaal im Rathhause, wo es räumlicher und stiller geworden und worin sehr Viele vor Hitze ihre

Carnevalmasken abgenommen hatten. Die beiden zurückgekehrten Männer brachten Hoffnung und Trost über den theuern Jost wieder; aber wunderlich genug: auch das schlug Mehren ihre Freude an einem Narrenbegräbnißzuge nieder, den sie sich unterdeß ausgesonnen, ja schon zum Theil hingemalt, und die Rollen den Personen zu- und ausgetheilt hatten. Das ward nun Alles muthwillig sogleich untereinander gewirrt und verschoben, und mit neuer Begeisterung sogleich ein Maskenzug zum Scheiterhaufen, zu der Hurd, im Ganzen und in den Theilen festgestellt, damit das Ganze sehenswürdig sei und ihnen Ehre mache, ja die tausend Zuschauer erheitere! Denn, sprachen sie, unter der Maske ist nichts mehr wahr und ernsthaft, wie kein Schauspieler mehr in keiner Rolle, nur ein sogar sich selbst bewußtes Gespenst, und alles zum Spiel Erhobene ist Spiel — ist Welt!

Raimund fand von seinen alten Bekannten noch mehre, und diese hinwieder machten ihn mit den andern bekannt, so viele der heimlichen Katharer, oder von den Reinen da waren, die Niemandem gestatteten, Jemanden ums Leben zu bringen, also auch dem Scharfrichter und Henker nicht. Alle Unterdrückte haben von jeher eigene Zeichen, daran man sie erkennt; Unterdrückte zeigen zur Erde hängende Köpft, zornige Gesichter, zu Zeiten geballte Fäuste und langes Wartenlassen auf Fragen. Andere haben Zeichen, um den Gleichen sich erkennen zu lassen und zu erkennen zu geben. Raimund's Glaubens- und Lebensbrüder gaben sich zu erkennen und erkannten sich verdachtlos an einem besondern Anblicken und an einem schnellen, Andern kaum bemerkbar, also unverdächtigen Bewegen der Lippen. Und so war er bald von einer entschlossenen Schar gleichgesinnter Männer umgeben, und fühlte sich froh in ihrem Kreise wie in einer Mauer von Lebendigen. Der jüdische Doctor aber war wiederum seinen Leuten wie auf das Leben empfohlen, und sie unterstützten die beiden

Angekommenen redlich dabei, als die Klage darauf gekommen, daß der Stadt und Umgebung und dem ganzen Lande weit und breit so viele Kinder, Knaben und Mädchen der Vornehmen und Geringen, der Reichen und Armen, auf dem für s i e unsinnigen Kreuzzuge umkommen, verdorben werden und den Aeltern kaum zurückhaltbar verloren gehen sollten! Selbst die Juden, die doch frei von dieser Kindersteuer sich fühlten, und deren Kinder gesteinigt worden wären, wenn sie sich unterstanden hätten, sich auch nur im Scherz ein Kreuz auf die Schulter zu heften, s i e auch lobten die so menschenfreundlichen, väterlich gesinnten redlichen Geistlichen, die sich so unschuldig die Rache nur herrschsüchtiger Menschen zugezogen. Die andern Gläubigen aber gelobten Geld über Geld einem Doctor, der die wahnsinnig gewordenen Kinder von ihrer Thränensucht und ihrer Seelenkrankheit heilen könnte, aber noch schleunig in Zeiten! Raimund deutete auf den Arzt und erbot sich gleich von morgen früh an auf sein Schloß hinaus Alle für die Cur hinauszunehmen, so viele Mütter oder Väter oder Schwestern und Brüder ihm solche geisteskranke Kinder bringen würden.

Die hochwichtige Angelegenheit wurde dann unter ihnen vertrauensvoll und geheim näher besprochen und Alle schieden von Hoffnung beseelt. Die beiden Freunde kehrten nach ihrem Hause in der Stadt zurück, woraus Raimund's todter Bruder, Aldewin, Irmentrud, seine Witwe, ihre Tochter Irmengard und Frohmuthe hinaus auf die für den Sommer wohleingerichtete Lindenburg schon fort waren. Und sie folgten ihnen um Mitternacht, nach diesem überraschend schweren Tage voll kaum glaublichen, aber wahrhaften Leides.

Fünftes Capitel.

Dem alten treuen Hausmeister Hagebald war aufgetragen gewesen, auch die drei Faß spanische Rosinen mit hinausbringen zu lassen, und Raimund ging jetzt die Nacht noch mit ihm, eins aufzuschlagen, und aus dem darin geborgenen kleinen Fäßchen sich reichlich mit Gold zu versehen, wobei er den alten, fast wie zum Freund seines Bruders gewordenen Diener zugleich mit nicht erst zählender Hand beschenkte. Der spanische Doctor hatte indessen droben seine Medicin bereitet für die morgen erwarteten Kreuzzugskinder, und dabei sich der Hülfe der schlauen Frohmuthe bedient, der er erst kein Schweigen auferlegte, weil er wußte, daß so etwas gerade erst recht bei Weibern und Mädchen vergeblich ist, der Sache eine Wichtigkeit beilegt und gerade das Gegentheil wirkt; weswegen der Weiber größte Angst ist um Das, was sie gesagt oder wiedergesagt haben oder haben sollen.

Mit einem Verlaß auf Etwas schläft jeder ein, auf seine Kunst oder Wissenschaft, oder doch auf sein Grabscheit, ja auf Anderer Bedarf und Noth, und selbst dem zu Grabe Getragenen legen seine Begleiter noch einen Verlaß unter. Die beiden hülfreichen Freunde verließen sich aber auf kranke Kinder und einen berühmten Narren, einen Großnarren, weil er einem Großen diente, und schliefen Jeder in seinem prächtigen Zimmer, bis die Morgenröthe hineinflammte. Mit Sonnenaufgange standen sie fertig angekleidet; der Doctor spanisch, Raimund französischprovenzalisch.

So gingen die beiden Herren die breite Treppe leise hinab, sahen rechts die Thüre des großen Saales offen stehen, den Todten im Sarge, und an dem Sarge mit gefaltenen Händen seine noch junge Witwe in weißem Kleide. Der Todte war aber unaufgedeckt, sodaß sie noch vor Furcht oder Schmerz, oder irgendeinem andern schweren Gefühl, die weiße breite Decke über seiner Gestalt und seinem Antlitz unaufgehoben gelassen.

Sie traten leise zu ihr; Raimund winkte ihr mit den Augen guten Morgen, schlug die Decke zurück und sah sich den todten Bruder an, den die aufgehende Sonne mit ihren über die grünende Erde daherschwimmenden, wie in Blumen und Blüten watenden Strahlen beleuchtete.

Armer B r u d e r! stöhnte er; armer Va t e r, den die große Tochter so betrogen hat! So unausstehlich, daß du es nicht ausgestanden doch überstanden hast.

Doch hat sie Gott nicht betrogen, und Gott sie nicht, nur eine Welt fabelhafter Menschen! sprach der Doctor tief erschüttert, aber erhoben. Und wie halb fluchend, halb betend, sprach er mit Sonnenglanz verklärtem Antlitz: „Richte die Menschheit, die Erde zum Himmelreich an, herrsche auf jedem Dorfe ein gütiger weiser König, besitze sie alle Weisheit und Kunst, aber bleibe sie in einer Abscheulichkeit in der höchsten Sklaverei stecken: «S e i ihr die Liebe nicht frei, und die Ehe zwischen Liebenden nicht frei», dann hat sie noch mit aller Gewalt und allen Sinnen an dieser einzigen, so leichten und so natürlichen, allen andern Wesen unter dem Himmel und auf der Erde gegebenen Freiheit z u b a u e n , die die Lerche in der Luft und den Goldkäfer in der Erde ihr zum Vorbild und zum Ziele schon hat, und durch sich wie selig macht — denn die Ehe sich Liebender ist die Seligkeit. Und der heimliche Haß zweier sich nicht von Herzen Liebender ist das tiefste

Elend, wenn die Liebe des Einen noch ihr Leben ertragbar macht. Aber das Leben und die Welt soll nicht er t r a g e n werden, sondern g e f e i e r t als schönstes blumiges Lauberhüttenfest!" Und der Vater verlor die große Tochter durch den Unsinn und die Herzlosigkeit der Welt, indeß die Tochter liebesweise war, und schrecklich dafür bestraft, wie das gottgläubigste, frommste Kind v o r a u s in der gewiß erscheinenden, Allen das Beste gönnenden Zukunft auf Erden lebte und liebte, ohne Ahnung einer Unseligkeit; denn reine Liebe ist der höchste Glaube, ohne gleiches Nebengut noch Nebenglück.

O wie schön — und o wie fabelhaft traurig für den Vater! sprach Raimund dazu. Und nun soll er, oder doch die arme unglückliche Mutter hier, noch ihre jüngste Tochter verlieren! Wollen wir sie doch ihr malen lassen! — und den Vater!

Indessen stand Irmengard neben ihr und die Mutter bedeckte wie vor Scham ihr Gesicht mir beiden Händen und weinte dahinter.

In meinem Zimmer droben, sprach Raimund zu seiner Schwägerin, hängst du gemalt von einem vortrefflichen Maler, der noch leben muß; denn deine Frederune steht noch klein zwischen deinen Knien, und du flechtest ihr das Haar; und ein Maler vermag schwerlich jemand Aeltern in seine Jugend oder gar seine Kindheit zurückversetzt, als die heitere Unschuld, so treu und schön zu malen; das Bild scheint also etwa dreizehn Jahre alt. Wie hieß denn der Maler?

Und — sich bückend und dann wie davon röther geworden, antwortete sie halblaut: Er heißt v a n G r a v e l a n d. Er war eines hiesigen reichen Wollenwebers Sohn, und webte selbst schon reizende Teppiche; ging aber nach den Niederlanden, ich weiß nicht warum, und ward Maler; lebt aber jetzt wieder hier, oder auch nur auf Besuch, und hat sogar vorige Woche höflich sich ausgebeten, sein

Bild, als nämlich mich mit dem Mädchen, wiedersehen zu dürfen, um es zu prüfen und daraus zu lernen.

Ach, dem laß ich mich gern malen! rief die Tochter. Dem mußte man gut sein, und wie getreu und lieb er einem in die Augen sah!

Die Männer, und der Arzt nicht ohne besondere, aber verschwiegene Gedanken, versprachen den Maler aufzutreiben und herzubringen.

Sie gingen darauf, mit kurzen klaren Worten ihre Absichten besprechend, in die Stadt zu dem redlichen Narren im erzbischöflichen Palast. Er saß im Bett auf, die Kinder um ihn, deren jedem Raimund eine Düte schenkte, mit der sie zur Mutter liefen, die bald darauf selbst kam und ihrem Manne etwas in die Ohren flüsterte; er schüttelte gegen Raimund den Kopf, der ihm die Hand drückte und sagte: Es ist nichts schändlicher und despotischer, als ganz allein aus Hoheitsrecht andern dankbaren Menschen zu wehren, Jemandem oder mehren um ihn Verdienstlosen **zu danken** oder einen ihnen Feindlichen **zu tadeln**. Ich zerreiße dieses Garn, und bitte dich, Bruder Jost, auch noch diese Düte mit 2000 Goldstücken deinem guten Herrn in meinem Namen zu verehren, damit er der Stadt gewogen bleibe für gestern, und die schönen Fenster und die zerhämmerten Glocken auf den Thürmen wieder herstellen zu lassen — weil mich der Herr in der Fremde gesegnet und wenigstens mich gesund und lebendig hat heimkehren lassen.

Jost dachte darauf bei sich im Stillen nach, während ihn der Arzt neu verband und ihm ohne Nachwehen wieder seine Gesundheit mit kurzen Worten versprach.

Und wenn ich morgen stürbe, so würde heut' doch meine letzte Bitte **für Eure Sache** bei meinem Herrn und Gnaden erst recht an schlagen, sprach Jost. Die **letzten** Bitten sind die einschlagendsten in ein gutes Herz, wie das meines Heiterkeit liebenden, Allen — beinahe schon ganz vernünftig — wohlwollenden Herrn, dem zu Liebe ich sogar meine Narrenkappe und Pritsche dem Erzbischof Siegfried zu Mainz überlassen, und dem zu Leide ich nicht in die Dienste des Bischofs Friedrich zu Halberstadt und nicht zu den Bischöfen von Lüttich, Bamberg, Strasburg und was weiß ich wohin gegangen. Ja, ja, seht mich berühmten Mann nur an! Aber „Heiterkeit bedürfen auch die Heiligen, und Wahrheit auch die Kaiser, und Freude die Engel"; sagt mein guter Herr — und nur gestern ist sie mir schlecht bekommen, fast zu schlecht! In ihrer Begeisterung stört nur eben ein alberner Narr die Bienen, kein kluger; nach der Begeisterung aber lassen sich die wildesten Pferde als wahre Esel in den Stall führen, und nachträglich durch eine Tracht Schläge und Hunger ganz zitternd vor Liebenswürdigkeit machen.

Darauf ging er gleich aufrichtig zur Sache über, und meinte ... daß sich der schöne redliche junge Mann die vor Liebe unbedachtsame übereilte Jungfrau hat in der Fremde antrauen lassen gewollt, und deswegen mit allem seinem großen Vermögen mit ihr freilich heimlich wegziehen — das nutzt jetzt nichts mehr. Wenn der Herr Christ, der sich mit einer Türkin vergangen, das ihn sogleich rettende, aber uns abscheuliche Wort ausruft: „Es ist nur Ein Gott", das ist hier nur fruchtlos. Daß er sich will taufen lassen, das rettet das Kind nicht; denn es ist noch aus frührem teuflischen Geist, und so die Mutter noch seine verteufelte Mutter. Die Hurd, nach der alle brennen, um hinter allen den frommen Städten am Rhein zu Berg und Thal nicht an Frömmigkeit zurückzubleiben, wäre nur aufzuschieben durch Eingreifen und Einschreien und Einschreiten barmherziger, außer sich gerathener „Weiber voll guter Hoffnung". Und dann ist, was ich meine, das Beste, die Schuldigen zur Gnade oder Bestrafung nach Rom zu überweisen, was zu thun meinem gnädigen Herrn das redliche Menschenherz erleichtert. Viel Geld in die leeren

Kassen zu Rom würde zuerst doch in den Kerker, und noch mehr Geld auch endlich aus dem Kerker bringen. Auf dem langen Transport zu Eseln nach Rom aber könnten sich die Schuldigen ja — vielleicht verirren! . . . von Räubern geraubt und in ein ander Land transportirt werden, und selig bis an ihr seliges Ende leben. Wirkt Ihr also auf der solchen doppelmitleidigen Weiber Herz — ich will eines braven Mannes Herz erweichen.

Raimund ging in Bekümmerniß auf den Altan hinaus und sahe die Schiffe fahren und umher die Bäume blühen, als gäbe es keine unglücklichen, keine bethörten Menschen, und das Wasser des Stroms floß so silberklar und die Tauben girrten auf dem Dache des Palastes, und fielen vor Liebe fast herunter; sie errafften aber in der Luft ihre Flügel und schwärmten um den Thurm und flogen zu Nest.

Indeß vertraute der Doctor dem Narren seine Weise, die Kinder zu heilen, die der Narr ganz auf die Natur gegründet fand, und sich freute, sodaß er wieder lachte. Er erkundigte sich dann, als des Auszurichtenden oder Auszuführenden sich immer und überall bewußt, nach dem Maler, der in ihr Haus kommen und die jüngste Tochter malen solle. Da schüttelte der Jost den Kopf und sprach ihm leise zum Ohr: Aber auf Männerverschwiegenheit; der schöne junge Mann war der Nachbarssohn der jetzigen jungen Witwe, die ihre Aeltern aber dem vornehmen Patricier aus Streben nach Rang und Ansehen zum Weibe gaben, worüber der verschmähte junge Mann in die Ferne ging — aber vor mehren Jahren, schön, reich und berühmt, und der ersten Liebe unvergessen, wie die Weiber sie noch viel weniger vergessen — wiedergekommen ist, und seine erste Geliebte und ihn zuerst Liebende wundervoll gemalt hat, wobei sie ihm so in die Augen gesehen, daß sie sich so an ihm versehen — doch Ihr werdet ihn ja sehen und sinnen, wo Ihr ihn doch schon wo gesehen habt — als irgend wen und was, ja den schönen Mann mit vollem schwarzen Bart sogar als Mädchen ohne Bart erkennen.

Der Doctor schwieg verstummt, doch klug gemacht als ein erfahrener, tausend Häuser kundiger Mann; und Jost sagte nur noch: Mich sollte es nur wundern, wenn in Euerm Hause da keine Hochzeit würde, sobald nur die äußere Trauer aus ist. Denn wer auch nichts Früheres zu verehelichen hat, der sinnt doch auf Wiederverehelichen. Denn die Welt ist eine verliebte Katze, sagte mein Vater immer. Und hier erscheint den Wissenden sogar nachträgliche Redlichkeit, und dem guten Raimund schadet es nicht und beunruhigt ihn nicht, wenn er nur darüber unwissend bleibt, daß die jüngste Tochter der Frau Rath aus innerer Liebe und stiller Treue das Kind des ihr früher verweigerten Malers ist und nicht seines todten Bruders.

Sechstes Capitel.
Die französischen Kreuzzugskinder.

Darauf hörten sie es auf weichen Pantoffeln geschlurft kommen. „Seiner und meiner Gnaden!" sprach Jost.

Und es war der alte liebe Erzbischof im Morgentalar, der schon kam, seinen treuen Jost zu fragen, wie es ihm ergangen und gehe.

Besser; antwortete ihm Jost. Da steht mein Doctor! und zeigte auf den Spanier; aber Schmerzen sind über Narrheit, und Gesundheit geht über die Weisheit, oder ist sie selber, aber gewiß ihre Tochter, weiß ich nun.

Sr. Gnaden bekam einen gewissen Respect vor dem Titel Doctor; denn sein rechtes Auge besonders war ein Candidat des schwarzen Staars. Und der freundliche Greis lud ihn mit einer Handbewegung ein, sich niederzulassen, und gab dasselbe Zeichen der Huld dem Raimund, den sein Jost ihm soeben seinen treuen Jugendfreund genannt; und so war ihm der fremde ernste Mann sogleich empfohlen; denn was ihm geschehen und warum, und was er fühlte und wie er dachte, das war ihm wie keinem andern Menschen glücklicherweise nicht anzusehen. Er setzte sich selbst einen Stuhl zu Füßen des Bettes, und der schwache alte gute Mann wäre mit dem schweren Stuhle beinahe selbst umgefallen, und die beiden Freunde, die übereilt ihm dabei helfen wollten; und er lachte, und Alle mußten und durften doch lächeln.

Während er nun mit seinem Jost sprach, und mit der

Linken dessen linke Hand hielt, betrachteten ihn die Männer; das silberweiße Haar, das unter dem veilchenblauseidenem Käppchen hervor die schöne glänzende Stirn umquoll . . . die gleichsam gottgetreuen Augen . . . die in den heraufgezogenen Muskeln der Backen gleichsam festgewordene lächelnde Menschengüte . . . und die sanfte wohlwollende Stimme, die gewiß nie fluchen, nur segnen konnte . . . und die schneeweißen Hände, die mit dem Rosenkranz scheinbar nur spielend, ihm selbst aber ein inniges Zeichen waren, daß Alles, was er thue und spreche, nur ein heimliches Gebet sei. Und doch liebte er die Heiterkeit, ja die Freude; denn er liebte sichtbar seinen Narren, den Jost, als Widerpart der Sorgen und Nöthe, der die Wahrheit angenehmlich hörbar mit der Pritsche predigte und dazu mit Schellen an Mütze und Kappe läutete.

Der seiner goldenen Bitte schon immer durch Rührung bahnbrechende Jost unterließ nicht, seinen Freund Raimund dem guten Greise zu bedauern, der, nach langen Jahren aus Frankreich zurückgekehrt, nur um eines Hahnschreis Länge zu spät seinen Bruder nicht wiedergefunden, der vor Erbeben über das Schicksal seiner Tochter gestorben.

Hm! Schicksal! sprach Sr. Gnaden dazu. Aber wenn Ihr aus Frankreich kommt, mögt Ihr uns endlich gründlich von den Kindern berichten, die von da in das Gelobte Land ziehen, um es zu erobern. Hm! Es sollen ihrer Dreißigtausend das Kreuz genommen haben.[4] — Hm! Und hier am Rhein zu Berg und Rhein zu Thal und aus den Städten und Dörfern des reichen schönen Flußgebiets in Deutschland sollen ihrer Zwanzigtausend sein. Hm! Und hier allein aus unserm gottesfürchtigen Köln mit Deutz und Weichbild an Siebentausend.[5] Hm!

Aber sie lassen sich nicht zählen, bemerkte Jost, sowie kein Fleischer die Ochsen und kein Schäfer die Schafe zählt, aus Furcht der Strafe, die über den König David „in drei

Sorten" zur Wahl verhangen worden; so läßt auch hier unser Herzog der jungen Kreuzfahrer, oder der Kreuzfahrjungen, der stolze verwegene Hirtenknabe **Nikolas**, seine Schafe nicht zählen. Vielleicht weil er nicht so selbstsüchtig ist, wie der vormalige Hirtenknabe David, der kopf- und lebensscheu die **ihn nicht selbst** treffende Strafe gewählt, sodaß der Engel ihm 70,000 Juden in einer Nacht erschlagen, welchem lieben Engel der Arm vor Müdigkeit fast abgefallen, indeß der David fein sauber in seinem Bette geschlafen, wie ein um sein Volk unbekümmerter, unbarmherziger König. **Zweifelhaften** Menschen ist nicht wohlgethan: **die Wahl zu lassen** oder Alleinmacht dem selbstsüchtigen kleinen David.

Und der fromme Kirchenfürst wiederholte sein Sprich**wort** oder seine Sprich**silbe**: Hm! und drohte dem Jost mit dem Finger; frug darauf aber Herrn Raimund auf seine Ehre und sein Gewissen, ob die ganze Geschichte denn wahr sei? und ob er ein Heer Kreuzkinder, ja nur ein Kreuzkind mit Augen gesehen? Denn die Sache sei Allen so schnell über den Kopf und Glauben gekommen, der Winter habe solange gedauert, der übernatürlich gefallene Schnee habe alle Wege und allen Verkehr verhindert, daß er selbst sogar nur einen oder den andern Sendboten von dorther erhalten.

Und der Arzt berichtete ihm nun bedächtig: Ich mußte in Lyon drei Tage liegen bleiben, und als ich den ersten Zug dieser großen Wanderheuschrecken der zischenden, weinenden, singenden Lemminge sah, da wußte ich nicht mehr, wo ich hingerathen? was die grüne Erde für ein unsinniger Kopf geworden, den ein Riese so in der blauen Luft schweigend fortrolle! Die Sonne schien mir ein am Himmel ausgeschnittenes Loch, um in ein gewisses geräumiges Haus zu sehen, worin die absonderlichsten Spectakelstücke und uralte Attalanen aufgeführt würden.

Aber das Einzelne, schaubare und hörbare Nahe, ja Ergreifliche erklärt das Wunderbare und macht es gemein und alltäglich. Eine Rose und ein Bienenstock erklären sich selbst am besten. Kurz also: es kam auf einem mit Teppichen behangenen niedrigen Wagen der Herzog der Kinder, sitzend oder thronend; der Hirtenknabe St.-Etienne, zu deutsch Stephan, von einer Ehrenwache bewaffneter Knaben umgeben; und andere Knaben zogen den Thron zum Thore hinein, durch die Straßen auf den Markt, und Tausende von Kindern, Knaben und Mädchen, folgten in geordnetem Zuge weinend und singend, und wieder weinend: „Gott, gib uns das wahre Kreuz zurück, und außerdem all all erdenkbares Glück"; und das Volk sang, ja schrie das barbarisch aus tausend Lebensnoth mit. Das war wol herzbrechend, himmelstürmend!

Hm! sprach Sr. Gnaden dazu; aber wer war denn der neue Heilige, der Knabe, wenn wir durch des Heiligen Vaters Barmherzigkeit auch schon Cardinäle von neun, ja von sieben Jahren gehabt haben?

Von dem wurde nun Abends in den Weinhäusern erzählt: Der Marschall der Kinder ist ein Hirtenknabe aus Vendôme.[6]) Da es den Kreuzfahrern in dem, nur den Juden und nicht den Christen von Gott gelobten Lande sehr schlecht ging, und die Christen zu Hause sie als verloren aufgaben, so hielten die alten Weiber und Priester Umzüge zur Auffoderung, das Heilige Grab zu befreien, als wenn das Grab elend und krank und im Sterben läge. Sie haben Bittfahrten gehalten, um die Hülfe Gottes zu erflehen. Denn, sagten Einige in den Weinhäusern, wofür man betet oder beten soll anbefohlenermaßen, das wird dem Volke wichtig gemacht, das soll ihm lieb und theuer sein, und andere Seiten- oder Gegenwünsche ihm gotteslästerlich gemacht. Deswegen sind falsche Fürbitten so gefährlich; setzten Andere hinzu.

Bei den Worten überfiel Sr. Gnaden ein starker Husten, wogegen ihm der Arzt ein Mittel aus seiner kleinen Büchse nahm: Stückchen krystallisirten weißen Zucker, den auch die Sarazenen, die Mauren in Sicilien erfunden hatten, so gut wie sie das Menschenauge kennend gesagt: die Engel und die Kreuze am Himmel wären nichts als Gestaltungen des Auges der Menschen, das seiner Beschaffenheit nach eine ganze Wand von niederträufelndem Regen nur als einen Bogen, und erst als einen farbigen bunten Regenbogen sähe, und sich begegnende Wolken als Kreuze und allerhand Wolkenbildungen als Heilige.

Sr. Gnaden sagten nichts dazu, sondern zerkrachte den Zucker mit seinen vortrefflichen Zähnen, lobte ihn, den heidnischen Zuckererfindern zum Trotz, und bat um weitere Auskunft, Und der Arzt gab sie ihm in Folgendem, wozu sein Freund Raimund, **zufolge seiner Bauchrednerkunst**, gern Anmerkungen eingeschaltet hätte; aber es waren keine weitern Personen, nicht einmal ein Bild da, dem die Hörer sie hätten aufbürden können.

Jost's beide Knaben fingen an zu weinen, schmiegten sich zu beiden Seiten an den gnädigen Herrn ihres Vaters, der sie mit seinen Armen umschloß, und sie bedeutete, still zu sein und zu hören. Ihr Vater hatte Lust, sie an den Haaren etwas zu zausen, aber er konnte nicht hinlangen und rollte sie nur mit zornigen Augen an. Der Arzt erzählte jetzt weiter: Dem Knaben **Stephan** ist nun alle Noth und Schande des ganzen Abendlandes, das mit aller furchtbaren, ja wüthigen Macht **Nichts** ausgerichtet, auf sein Herz gefallen. Er hat **eine Erfahrung** aus seinem Traume gepredigt, daß der sehr schöne und sehr traurige Heiland in Gestalt eines armen Pilgers sich ihm offenbart, und ihn als Kreuzprediger für die unschuldigen Kinder bevollmächtigt; ja, er habe ihm einen eigenhändigen Brief an den König von Frankreich ausgehändigt an den noch lebenden Philipp August, den er den Kindern gezeigt und unzählige Knaben damit zur

Annahme des Kreuzes gebracht. Vor den frommen König nach St.-Denis gefodert, und von ihm zur Prüfung befragt: was ihm die Nacht geträumt? habe er es dem Könige nur etwas leise ins Ohr geraunt, daß der König erblaßt sei. Auf die nunmehrige Bitte des Königs, ihm den Brief auszuhändigen, habe er getrost danach in seiner Hirtentasche gesucht, sich beklopft am ganzen Leibe und zuletzt mit dem ehrlichsten Gesichte voll Erstaunen und Zorn gerufen: Den hat mir der Teufel gestohlen! Und als der König die umstehenden Priester befragt: ob Jesus erscheinen könne, Diesem und Jenem, und wenn er wolle . . . und ihm schreiben, wie einst dem König Abgarius? . . . da haben sie über die entsetzliche Frage geschrien und auch dem Teufel die ja nur geringfügige Macht zu stehlen mit Ueberzeugung zugesprochen. Darauf hat der Stephan zu St.-Denis vor der Königin noch größere Wunder verrichtet; er hat durch Mauern gesehen, in die Ferne gesehen und gesagt, was die Leute da thun? ja sogar wie es Gestorbenen gerade jetzt in der Hölle geht? und Antworten der Kinder auf seine Fragen an sie im Himmel gehört, sodaß Alle erstaunt und verstummt sind vor seinen Engelsgaben.

Sein Gang und sein Bezeigen vor dem König und die Erzählung seiner Wunder umher im Lande, welche E r z ä h l u n g eine wahre Thatsache geworden, haben dem frommen Hirtenknaben darauf ein solches Ansehen und seinen Ermahnungen und Feldpredigten eine solche Wirksamkeit gegeben, daß in kurzem sich eine zahllose Menge von ja sichtbaren und handgreiflichen Knaben um ihn versammelt, und nun drängend und treibend wieder a u f   i h n gewirkt. Andere Knaben sind in andern Gegenden als Kreuzprediger aufgetreten, die ihren Beruf auch durch Wunder beweisen mußten, und auch bewiesen, worauf sie das von Stephan begonnene Werk mit großem Erfolge gefördert. Alle lieben begeisterten Kinder, die das Kreuz genommen, betrachteten, wie ich mit meinen Augen gesehen, den Stephan von Vendôme als ihren Herrn und Meister über Leben und Tod, und waren fest überzeugt, daß sie unter seiner Anführung den furchtbarsten Sieg über die Sarazenen erfechten würden mit bloßen Händen ... durch ihre bloße Erscheinung, oder höchstens obendrein durch den gesegneten Pilgerstab. Sie verehrten ihn als einen hörbaren, sichtbaren, zu ihnen redenden Heiligen, und jeder pries sich glücklich, der von seinem **lebendigen** Leibe schon eine Reliquie erwischen, erschleichen, ja erkämpfen konnte. In Lyon hatte er sich seine zu vollen, ihm aus gewissen kleinen Uebeln unangenehmen, wenn auch sehr schönen blonden Locken kurz abschneiden lassen, und ich habe den Kampf mit angesehen, den Knaben und Mädchen aus seinem Zuge um ihren Besitz mit wahrer Begeisterung führten. Unter meinen Reisemerkwürdigkeiten habe ich einen kleinen verworrenen Wusch Haare davon, die ich von einem kleinen dummen hungerigen Knaben für eine Wurst mir eingetauscht. Andere waren glücklich, die sich nur einen Faden von seinem Rocke verschafft hatten, oder schlugen sich um den Krug mit Wasser, daraus er getrunken und schlürften andächtig mit zum Himmel gekehrten Augen die Neige aus.

Hm! Hm! erklang dazu wieder die Sprichsilbe.

Und es machte dem Doctor innerliche Freude fortzuerzählen: Den folgenden Tag rückte der Major domus oder Generaloberst St.-Etienne's, **der Hirtenknabe von Chartres**, in die Stadt. Von diesem erzählte man Abends dann neue Dinge.[7] Als er von einer Uebungsprocession zurückgekommen, auf welcher seine Schar um die Gnade Gottes für die Gläubigen gebetet, gesungen und gekniet, also um Gottes Ungnade gegen die — Ungläubigen gefleht, da habe er gesehen, daß seine Heerde Schafe die Saatfelder indessen verwüstet, von welchen er sie verjagen und mit seinem getreuen Hunde Tiras forthetzen wollen; da habe sein **Tiras** geheult und nicht gehorcht, sondern mit dem Schwanze gewedelt; die Schafe selbst aber seien alle vor ihm auf die Knie niedergefallen und haben zu ihm um Gnade geblökt. Auf dieses Wunder hin sei er in den eigenthümlichen Geruch eines Heiligen gekommen, und aus allen Gegenden sind Hunderte von Kindern ihm zugeströmt, wirkliche Menschenkinder, die wirklich gegessen, getrunken, geschlafen und französisch gesprochen haben; nicht nur hohle Gespenster und gezauberte und bezauberte Puppen böser Geister.

Darauf haben sie mit großem Gepränge und mit vielerlei eigenthümlichen willkürlichen Gebräuchen in den Städten, Burgen und Weilern von Frankreich ungestört, ja bestaunt und beschenkt, feierliche und Bettelaufzüge unter Thränen gehalten, indem sie Paniere, Rauchgefäße, Wachskerzen und Kreuze unter Gesängen umhergetragen. Selbst junge Mädchen, Jünglinge, Weiber und Greise schlossen sich an diese Processionen an; die Arbeiter auf den Gassen der Städte und Dörfer oder auf den Aeckern und Wiesen verließen, wenn ein solcher Zug vorüberkam, die Ochsen am Pfluge und folgten den Knaben. Denn sie weinten entsetzlich! Und überall wurden dem Kinderzuge vom Volke Lebensmittel, Erfrischungen und andere Almosen gespendet, und sie aßen desgleichen entsetzlich.

Viele Bürger von Lyon stritten miteinander; diese meinten: weil die Kinder alle wie mit Einem Munde auf die Frage: wohin sie denn eigentlich wollten? „zu Gott!" antworteten, könne man doch wol der Hoffnung Raum geben, daß also Gott durch die Jugend große Dinge auf der Erde vollbringen werde, wie denn immer nur durch neue Kinder alles Neue auf die Welt komme, nach dem Worte: „Kommt wieder Menschenkinder!" Auch wären sie ja so vernünftig, sich nur für das Heilige Grab zu waffnen, darin Gott als sein Sohn geruht; denn sie sähen ja selbst mit ihrem

Kinderverstande ein, daß es für den Heiland im Himmel weder nöthig noch möglich sei. — Andere behaupteten: nur ruchlose Betrüger hätten sie aufgeregt.[8]

So in Zweifel, was er glauben und was er thun solle, denn das sei ganz verschieden, habe der erste Sohn der christlichen Kirche, der König Philipp August, der sich selbst solange als möglich von einem Kreuzzuge zurückhalte — erst das Gutachten der gelehrten Meister der hohen Schule zu Paris gefodert, in welchem der größte Theil der Geistlichkeit und manche Laien die Begeisterung der Jugend als das Werk boshafter Zauberer verurtheilt, worauf er — und noch erst, nachdem die Kreuzkinder schon aus- und fortmarschirt — „geeignete Maßregeln" verfügt, um die Knaben von Ausführung ihres Vorhabens abzuhalten.[9] — Wie klug, etwas zu spät thun!

„Der Herr sei gelobt!" rief jetzt Sr. Gnaden dazu, daß wir dort einen solchen Vormann an dem Könige haben, uns Klerisei hier zum Schutz vor Rache, daß wir die Kinder von ihrem Zuge haben abpredigen wollen!

Der fromme menschenfreundliche Erzbischof reichte ihm die Hand zum Danke für seine ihm tröstliche Nachricht mit den Worten: Wer sähe nicht, daß Ihr ein Jude seid; aber auch ein menschennützlicher Mann, ja Mensch; und die Juden sollen bis an das Ende der Welt bleiben — was schadet da Einer mehr! das wäre lächerlich! Also: meine Hand von Rache für Unglauben, oder irgendeinen andern Glauben. Ein billiger Mensch erwartet ruhig den Sieg des Guten, ohne Schuld auf sich zu laden! Man kann Alles umgehen durch festen getreuen Sinn. — Und zu noch mehrer Sicherheit unserer guten Gesinnung fällt mir ein: daß ja der Patriarch von Aquileja sogar die erwachsenen Kreuzfahrer zurückhält, und sogar das Interdict nicht fürchtet, laut welchem den Städten und

Dörfern jeder Geistliche, jede Messe, jede Vergebung der Sünden, jede letzte Oelung und jede Einsegnung im Grabe vorenthalten wird. Aber es ist bedenklich-gefährlich, die Menschen ohne D a s leben zu lassen, indeß sie doch merken, daß Gott ihnen auch ohne D a s gnädig zu bleiben scheint, indem und weil die Sonne ihnen frühe so fort so herrlich aufgeht . . . und Weib und Kinder so fort sie so lieben . . . und sie glücklich sind. Das ist gefährlich sie inne werden zu lassen. — Nur die Sachsen, das treue Volk, höre ich, sind fortgezogen nach dem Gelobten Lande, aber in der Fremde dahinten wo sitzen geblieben; auch die Kreuzfahrer sind in dem Konstantinopel so sitzen geblieben, wo diese unsere Römischen die Griechischen nunmehr als u n s e r e T o d f e i n d e nach und nach auszurotten oder zu bekehren brennen, nachdem sie mit ihrer verhaßten Hauptstadt das ganze griechische Reich und das starre Volk besiegt und klug gemacht zu haben — glauben; das heißt diesmal: wähnen. Und selbst der Heilige Vater, der an allem Unschuldige, seufzt nur: „Indeß wir Alle schlafen, rühren sich nur die Kinder!" und will sie ziehen lassen, weil — er muß. So lassen auch wir sie denn ziehen! Gott segnet den Verstand und ist dem Unverstande noch gnädig. Es mag ein Schweres sein, die Kirche zu regieren, und gar erst die gespaltene wieder zu vereinen; und dem lieben Volke — seine immer neuen tausendfachen und tausendfältigen Fehler immer barmherzig vergebend, unermüdet lehrend, und aus seinen Irrthümern schonend, wie Kindern rathend und helfend, mit ungeschwächtem Vertrauen und neuem Muth auf den rechten Weg zum Himmel zu bringen!

Der redliche Greis ließ jetzt ein langgedehntes Hm! vernehmen, und betete dann still einen Psalm, wovon sie nur die Worte: „Ehe denn die Berge . . ." und: „Tausend Jahre sind vor dir wie ein Tag . . ." — vernahmen.

Darüber schlief er in Gedanken gar ein, und die beiden tiefgerührten Freunde schieden still von dem Narren, der dem jüdischen Arzt mit Hand und Lippen stillen Dank zollte, und dem Raimund stille Versicherungen und Versprechungen mit den Augen zuwinkte.

Siebentes Capitel.
Der Kinderherzog Nikolas.

Herr Raimund ging mit Ramon, dem Arzt, mit Aussicht auf Rettung aus dem Palast, die aber noch große Umsicht, Leid und kecke Thaten erfoderte. Ramon verlangte durch das Judenquartier und durch das erbärmliche enge Bechergäßchen zu gehen, wo „seine Leute" viele in verborgenem Reichthum, aber als verachtete Sklaven zusammen und übereinander geschichtet, aber im Herzen voll trotzig schweigenden Muthes lebten, wenn das den erlauchten und weltberühmten Namen „leben" verdiente. Hier ward aber nur der Becher des Elends getrunken, worein die Propheten Kraft, ja Süßigkeit geträpfelt. Raimund führte ihn dann, um ihm seine heute sonntäglich stille schöne Vaterstadt zu zeigen, und dabei seine Jugend wie von den Todten aufstehen zu lassen, über die Plätze: den Johnsplatz, den Domplatz, und allmälig schlendernd über den Heu-, Alt- und Waidmarkt. Darauf ging er in das Quartier der Wollenweber, wo, wie er auf vieles Fragen endlich sicher vernommen, der berühmte Maler van Graveland in seines Vaters Hause bei seiner verwitweten Mutter wohnte.

Sie fanden ihn in seinem nobeln Morgenpelz, und als ihm Raimund seinen Namen genannt, ihm gesagt, daß er komme ihn zu bitten: seinen gestern gestorbenen Bruder Aldewin todt im Sarge zu malen; da bemerkte der Arzt, auf des klugen Narren Jost vertrautes Wort hin, doppelt aufmerksam und gespannt auf den schönen Mann mit edlem Gesicht, worin eine stille Wehmuth sich niedergelassen hatte — daß er erschrak, überrascht stand und vor sich hin sann, es dann abschlug, und höchstens vor vieler Arbeit das Bild nach vier Wochen zu malen vermöchte; wozu Raimund bemerkte: Mit Todten, die selbst ewig Zeit haben, ist es unmöglich, lange Zeit zu verlieren — oder ihnen mit der Staffelei in die Unterwelt nachzuwandern.

Der Maler zuckte die Achseln.

Da setzte Ramon hinzu: seine Witwe läßt Euch besonders darum sehnsüchtig bitten, auch zugleich ihre jüngste Tochter Irmengard zu malen; zum Andenken, da sie das schöne liebe Mädchen wahrscheinlich auf immer verliert; denn sie pilgert wie so viele Knaben und Mädchen der Vornehmen mit nach dem Heiligen Grabe. Es wäre am besten ein wirkliches Kniestück, wie seine Tochter vor dem Vater kniet und von ihm Abschied nimmt und er sein armes Kind segnet. Wie gesagt, die Mutter bittet innigst, es könne sie gewiß Niemand so lieb und herrlich machen.

Und Raimund bemerkte: Wir wohnen ja ganz nahe da draußen auf unserer Lindenburg.

Der Maler starrte vor sich hin, indem er mit der Linken sich das Kinn an dem Barte hielt, und den beiden Freunden fast lächerlich auch nur Hm! sagte; worauf Ramon nur bemerkte: Todte malen ist freilich eine schwere Sache; aber auch doppelt einträglich, und mein Freund hier bezahlt Euch jeden Preis, und die Mutter dazu. Dabei dachte er: es wird ihm schwer —; es ist richtig! und als armen Teufel mit Hörnern kann er ihn doch nicht vor Leuten malen. Aber der Mann, der Maler ist ja doch ein Beraubter! Schäme dich, Ramon! Und um was beraubt: um glückliche Liebe, Liebesglück und Schönheit und rechtes Leben, und wodurch: durch den albernen Stolz und den Hochmuth und die Ehrsucht der im Unterstock der Erde wohnenden

Menschen, besonders der Weiber. Und welcher Vater sieht nicht gern einmal, gleich groß und lieb, sein Kind! und läßt sich von der in der Seele verworrenen, sich in ihrer eingeborenen Neigung gefangenen Tochter sehen! Das ist und bleibt trotz aller Verirrung doch schön und hold und eine Belohnung für Schmerzen der Schuld und des Betrugs. Und welche neue, unmöglich zu erfüllen geschienene Hoffnung thut sich ihm unerwartet auf! Die Menschen wollen und wenn auch spät erst — und er steht gesund und frisch erst in den dreißiger Jahren — doch immer noch ihr sehnlich gehofftes Glück erlangen und doch von nun an auf dem rechten Lebenswege wandeln. Wem ist diese edle That zu verdenken? Er kommt! er malt! Ich brauche ihm mit Raimund's geheimer Stimme der Wahrheit erst keine Stimmung zu geben; da würde er sich schämen, und um vor Andern nicht schlecht zu scheinen, mit Trotz unglücklich oder doch unerquickt bleiben. Das Leben hat manchmal später Rath und Hülfe durch seine Weiterentfaltung, aber selten; darum verlassen die Menschen sich klug auf die Stunde, und thun ihr Gewalt an in frühern Tagen!

Ebenso lange als der Arzt dies dachte, hatte sich der Maler bedacht, und sagte jetzt zu. Ja, er wollte den Umständen, also dem Todten nach, alsbald hinauskommen, und seine Staffelei und seine Farbentöpfe und Pinsel sogleich fortsenden. Und jetzt empfahl er sich ihnen der Vorbereitung wegen.

Und der Arzt wandelte stumm mit seinem Freunde, dem als Unwissenden kein Weh bei alledem geschehen war, sondern erst künftig dadurch geschehen sollte; und eilte vor der Stadt eifrig, um seine Heilung fast mit Gewalt an den Kindern zu betreiben, welche er, diese von Müttern, jene von Vätern, auf dem Wege zur Lindenburg hinausgeleiten sah.

Laut zurückgelassenem Befehl hatte der Hausmeister

Hagebald die guten Leute mit den Kindern in den Saal im Oberstock gewiesen, und sie waren s c h o n ü b e r e i n in Vorrath eingerührtes Frühstück h e r, dem nichts anzuschmecken war von gefährlicher Vernunft, die in dem beigemischten einfachen Mittel lag. Die Aeltern weinten den Arzt an und beschworen ihn leise um seinen Beistand, da sie zu arm oder zu beschäftigt seien in ihren Gewerken, um, wie andere Aeltern, die Kinder in fremde „gesunde" Städte oder Dörfer, nach Franken, Würtemberg, oder nach dem immer gar nüchternen glücklichen Holland zu bringen; indeß andere, hier zu bleiben Gezwungene ihre Kinder auf künstliche Weise lahm gemacht, ja durch gewisse Mittel b l ö d auf die Augen, ja k r a n k auf den Leib, f u r c h t s a m vor Räubern und Riesen und Ottern und Bären und Wölfen, ja sehr viele vor Abscheu vor dem Verhungern, dem Gras- und Krautessen, vor den Nächten ohne Bett und Nachtlampe, vor dem Alp und dem Teufel, der ihnen entsetzliche Gesichter und Faxen vormache und sie auf schaudernde Abwege verlocke, durch redende Kühe auf den Bergeshalden, und geschwänzte feuerbrüllende Drachen mit Krallen und Flügeln, und zuletzt vor ihrem eigenen Grabe voll Kröten und Basilisken und zwickenden Krebsen. Viele trotzige Knaben säßen mit Gewalt eingesperrt in den Kellern im Finstern, und weislich ohne Taschenmesser und Strick, Schnure, ja nur Bindfaden.

So gestanden sie ihm, und lachten und weinten dazu. Und als er die Mädchen alle in Ein Zimmer, und die Knaben alle in ein anderes hatte führen lassen, tröstete er sie auf ihren Zweifel: „daß es nur, ach, nicht möchte zu spät sein, ihnen zu helfen", und sprach: M i t d e r V e r n u n f t i s t e s n i e m a l s z u s p ä t, u n d n i e m a l s z u f r ü h, sogar nicht schon in der Wiege, wo sie dem Kinde leuchtet aus der Mutter Augen. Nur daß kein neuer Zünder, Raptus, oder neue Wuth sie überfällt! Denn die Vernunft, sie, die allgemeine Gesundheit der Seele und also des Leibes, will auch befestigt sein und ins Herz gebannt als der beste Geist, den Niemand bannt noch verbannt.

Er vergönnte ihnen nicht nur, wer wolle, dazubleiben, sondern bat sie ausdrücklich, wiederzukommen, damit die Kinder doch sahen und einsähen: sie hätten Aeltern, und durch Scheiden und Wiedersehen ihnen wieder in Erinnerung zu kommen, als ihnen unentbehrlich und theuer als ferne Nebel und Nebelbilder. Denn wer seine Aeltern liebt, recht liebt, meinte er, kann niemals verloren gehen, ja kann nie verrückt werden, es sei um was es wolle. Redliche liebevolle Aeltern sind den Kindern die angeborenen Heiligen und Engel; ja, wenn auch als Schuster verkleidet mit Schurzfell und Pfriemen und Pechdrath, oder als Schneider mit Scheere und Bügeleisen, oder als Tuchscheerer mit der gefährlichen Scheere mit beinahe windmühlflügelgroßen stählernen Flügeln. Das seien alles nur Narrenspossen und Carnevalsmasken auf Erden; denn der K e r n sei die Nuß, und die Traube der Most und der Wein.

F r o h m u t h e bediente die kleinen und großen Gäste lebhaft und heiter, und es war ihnen so wohl, als wären sie aus der ängstlichen Welt hoch in den friedlichen Himmel versetzt; d e n K i n d e r n a b e r g r a u t e k ü n s t l i c h u n d g r ü n d l i c h ü b e l v o r d e r g a n z e n W e l t.

Raimund hatte unten im Saale, wo der Todte im Sarge stand, gesehen, wie die alte gekommene Mutter Wollenweberin in Trauerkleidern und voll unmäßiges Mitleid, das auf eine Reue deutete, ihrer Tochter, der verwitweten Frau Rath, um den Hals gefallen, und er hatte Mutter und Tochter allein gelassen. Dagegen hatte ihn eine Schar Dorfkinder, die in den Hof gekommen, aufmerksam auf einen Knaben in gebräuchlichen Sonntagskleidern gemacht. Aber der Knabe schien doch ganz besonders, sodaß Raimund ihn ohne Frage aus seiner Vorstellung als d e n H i r t e n k n a b e n N i k o l a s gleichsam erkannte.

Er kam barhaupt, die Haare auf der Stirn gescheitelt, in bloßem Halse; eine prächtige hohe Brust, ein starker Bau und doch feine Glieder; barfuß, einen abgebrochenen Blütenzweig in der Hand; aus großen dunkeln Augen träumte er nur die Frühlingswelt an, und hörte mit reizendem Lächeln die singenden Lerchen in blauer Luft und segnete gleichsam mit zwei Fingern der Hand die bunten Bilder der Wolken im See, die wunderbar oben und unten zugleich ganz leise zogen, und das Bild der Sonne blitzte ihn aus dem Wasser in sein ernstes, schönes, von der Frühlingswärme schon leicht gebräuntes Gesicht. Der Schritt seiner Füße war nur schwebend, und eine Ruhe umfloß und umglänzte ihn, daß die Leute reglos und lautlos vor ihm stehen blieben, während er vorüberging, die Augen vor ihm niederschlugen, und erst lange nachdem er vorüber war, sich schüchtern nach ihm umsahen. Sein Hündchen, sein P h y l a x , begleitete ihn, und er begleitete einen großen langbeinigen Mann, noch nicht alt und nicht mehr jung, mit fabelhaft langen magern Beinen, mit einem muntern getrosten Gesicht unter seinem sehr breitrandigen Pilgerhut und einem sehr langen, fast schleppenden Pilgerrocke, mit hohem Pilgerstabe, sodaß er einem alten heidnischen Sänger, einem Aoiden, am meisten ähnlich gesehen haben möchte in seinem ehrwürdigen Bart. Seine kleinen Augen funkelten auf Alles um ihn aufmerksam und neugierig umher; seine langen hohen Beine machten fast Riesenschritte, und die Morgensonne hinter ihm warf vor ihm her einen an den Rändern aufglänzenden verwunderlichen Schatten, als stiege ein Bewohner der Unterwelt aus alter Zeit in dem heutigen Tage in das Menschenschloß. Seine Seele schien, wie ihre festen wie angreifenden Blicke verkündeten, m i t a l l e n g e s t a l t e t e n D i n g e n u n d a l l e n E l e m e n t e n s e h r w e n i g U m s t ä n d e m a c h e n z u w o l l e n, die Welt für einen Frühlingsnebel auf blauer Wiese zu halten, und ohne alles Bedenken durch Feuer und Wasser zu schreiten bereit zu sein, ohne Fußsohlen, Haare und Bart zu bedenken, oder wenn sie doch anbrennten, nachher eben nicht besonders zu bedauern.

Der Knabe Nikolas führte ihn desgleichen geradeaus in das Schloß seiner Herren und in den offenen Saal mit dem Todten, über welchem das große Bild des Erzengel Michael hing, der den gekrümmten Teufel auf tausend Jahr in den Abgrund stößt. Alle Bewohner des Schlosses eilten leis in den Saal: Raimund und Ramon, die Diener, die Mägde; aber die junge Irmengard stand erst wie gebannt, mit gefalteten Händen den Blick zu Boden. Dann kam sie nur so wie geflogen, wandte sich plötzlich zurück, fiel ihrem Mädchen um den Hals und rief ihr freudig erschrocken zu: Er ist da! Er ist da!

Wer denn? frug Frohmuthe sie schelmisch; — der lange Mann?

Ach wer denn anders als Nikolas! erwiderte sie bös, und zitterte ganz. Aber dabei blieb es auch, und sie ward wieder still, blickte hin, blickte weg, und blieb halb gleichgültig und halb gereizt und wie unwillig über sich selbst, von Ferne stehen.

Soll der Hahn krähen? frug Frohmuthe sie mit anspielendem Vorwurf. Und es klang wirklich peinigend, als draußen ein wirklicher Hahn krähte.

Ramon hatte die Irmengard durchdringend beobachtet, und erstaunte selbst über die Wirkung nur schon der einen Gabe von seinem Mittel; aber sie schien vorüberzugehen, wie Schein des Mondes die dunkeln Wolken wieder überziehen. Doch lehnte sie sich blaß an die Wand, Der lange hochbeinige Mann setzte sich ohne weiteres in einen Stuhl, der beiseite im Winkel stand; entschuldigte sich nicht, sondern sagte nur: Ich bin müde, und habe einen weiten Weg zu schleichen. Der Knabe Nikolas aber stellte sich drei Schritt nahe vor die

Hausfrau hin, sah sie fest an und sprach zu ihr mit seiner wohllautenden fesselnden Stimme, die nicht nur wie aus dem Munde oder der Brust, sondern aus seinem ganzen Körper, oder durch ihn aus der ganzen Welt umher herauf- und herauszutönen schien: Theure Mutter, die unsere Irmengard geboren, ich bringe dir den heiligen Boten, den Gott uns zum Führer gesendet. In unserer Hütte hat er nicht Ruhe, nicht Raum; denn mein irdischer Großvater Elias, der bei Menschen geehrte und berühmte Scharfrichter, der nur aus Eifer für die Ehre Gottes und aus Haß gegen den Satan sein ernsthaftes, blutiges, feuriges Amt bekleidet, und **zu der nahe bevorstehenden brennenden Hurd** einberufen worden, liegt mir und der Mutter zu Hause krank. Der gottgesendete Bote und Führer aber ist mir von der Vorsehung zugekommen, auch wenn er meint, er sei nur von seinem eigenen Geiste getrieben. Denn höre nur.[10]) Er kommt aus Brabant, wo er schon lange in großer Heiligkeit gelebt und schon lange Gott hat nach dem Gelobten Lande wallfahren gewollt, aber immer unentschlossen, sein Beten und Fasten durch die weite Pilgerreise durch die südlichen Völker auf der elenden Erde zu unterbrechen. **Jetzt** ist ihm ein Engel in seinem festverschlossenen Gemache erschienen, das sollte man gar nicht glauben — — und Raimund sprach mit seiner geheimen Stimme, die er jetzt von dem Teufel aus dem Bilde an der Wand her vernehmlich herabertönen ließ, indeß er mit eisernem Gesicht dem Knaben Nikolas in sein Gesicht sah: **Ja, das sollte man gar nicht glauben!** Aber — du sagst es!

Aber Nikolas fuhr fort: Er hat gerade in der Nacht vor Petri Kettenfeier, als helles Licht ihn umflossen, die Stimme des Engels vernommen, die da sprach: Der Herr hat deine Sehnsucht, das Gelobte Land zu schauen, wahrgenommen, und mich gesandt, deinen Wunsch zu erfüllen. Darauf hat ihn der Engel ergriffen und ihn **in der einen Nacht** zu allen Orten der heiligen Lande geführt, sodaß er diese Lande, Jerusalem und Bethlehem, und auf dem Wege hin und auf einem andern Wege zurück, alle merkwürdigen Städte von Burgund, der Lombardei und Italien leibhaftig, leibhaft gesehen. —

Und Raimund's Stimme erscholl wieder aus dem Teufel: Das sollte man gar nicht glauben!

Der Knabe Nikolas sprang auf das Bild los, und zerhieb und zergeißelte den Teufel, dazu aber nur lachte, mit seinem blühenden Apfelbaumzweige, daß die Blüten umherflogen, indem er betreten und demüthig leise dazu sprach: Ja! auf tausend Jahr ihn verschließen, war zu kurze Zeit — denn er erhebt sich wieder wie vor, und abscheulicher — verzeihe Gott mir die Sünde! Ach, er ist gegen uns alle arme Sünder zu gnädig!

Er weinte dazu unter den mit der Hand zugehaltenen Augen, indem er seine Hitze bereute, und der heilige Mann und der Engel kam ihm wieder ein, und er beschloß seinen Bericht von den Beiden nur noch eilig mit den Worten: Und der Engel brachte ihn noch in derselbigen Nacht wieder in sein Bett!

Und der Teufel vom Bilde sprach wieder deutlich dazu: Das sollte man glauben.

Die Andern im Saale standen wie verrathen und verkauft; Raimund aber bemerkte, daß dem Hirtenknaben nicht sein Verstand, sondern diesmal sein Unverstand stille stand. Er hatte das Ansehen eines Erwachenden, schnippte mit den Fingern seinen Hund herbei, als wolle er hinaus und fortgehen. Da sah er Irmengard hinter der Mutter hervortreten; er sah ihr in die Augen, sie ihm, und sein Sinn hatte sich wieder gestärkt und er sagte getroster: Nun haben Viele gebetet, auch so bequem von Engeln dahin getragen zu werden, wohin wir Schritt vor Schritt pilgern werden; aber nicht immer den dritten zurück, denn wir büßen ja keine Todsünde ab. Der theure Mann hat sich aber von heimgekehrten Pilgern erbitten lassen, uns ein erfahrener Wegweiser zu sein. Darum bewirthet uns Allen und mir ihn wohl!

Darauf faßte er Irmengard an beiden Händen und befahl ihr: diesen Abend in der heiligen Ursulinerkirche den Kindern eine Predigt zu halten. Die Kirche werde erleuchtet sein; sie werde außer den Knaben und Mädchen und ihren Müttern viel Hundert andächtige Zuhörer haben, und von den hohen Fenstern herab die viel Tausend Jungfrauen. Der Geistliche werde sie auf die Kanzel führen und sie werde mit Engelflügeln geschmückt sein, mit einem Narcissenkranz auf dem Haupt und einem Palmenzweig in der Hand.

Und als Herzog der Kinder all nahm er sie, ohne Billigung noch Widerrede weder ihrer Mutter noch ihres überraschten Oheims, an der Hand, um sie in den Garten zu führen, und ihr die Gegenstände zu sagen, von denen sie predigen solle, und über die sie sich im Gebet Erleuchtung und Begeisterung und Muth und Kraft vom Himmel erflehen solle. Er küßte sie drei mal auf die Stirn und war im Begriff, sie an den Fingerspitzen sich hinaus- und fortzuführen.

Aber indessen hatten Leute aus der Stadt die Staffelei des Malers, Malertuch und Töpfe, und Scherben und Flaschen, und Farben und Pinsel gebracht, die sie an den ihnen angewiesenen Ort unter den Engel und Teufel ruhig und vorsichtig abgesetzt. Kurze Zeit darauf, ehe die Witwe des Tobten — wenn Todte noch Witwen haben — sich ruhig geathmet hatte, trat der Maler leise, bescheiden und schüchtern, ja wie furchtsam vor dem zugedeckten Todten, ein. Er nahte der Hausfrau; er bedauerte sie über ihren unersetzlichen Verlust und sah mit dem glühroth gebückten Gesicht zur Erde. Beide und Alle standen so, lange stumm. Aber er war ja gekommen, den Todten zu malen, und so mußte er doch sich ihn ansehen. Die treulose Witwe Rath selbst mußte das Gesicht ihm aufdecken, und er sah sich ihn lange an — aber er selbst hatte die Augen dabei zu. Endlich, um vorläufig auch die Farbe der Augen des Verblichenen zu erkunden, that er ihm mit Daumen und

Zeigefinger der Linken ein Auge auf, hielt das Lid lange offen, und der jüdische Arzt sagte: Könnte ich doch Euch selbst so malen, wie Ihr dasteht und der arme Todte Euch ansieht! Das wäre eine neue Art Bild.

Da wandte der Maler sich davon, der sehr sorgfältig gekleidet und geschmückt mit der goldenen Ehrenkette, die er vom Grafen Wilhelm von Holland empfangen; auch seine Finger funkelten von Ringen, und er strich sich die schönen Haare aus der heißen Stirn.

Jetzt fragte er ganz gelassen und gleichgültig nach der Tochter, die er auch malen solle; wie groß sie wol sei? damit er in Gedanken das Bild schon immer ordnen könne. Raimund ergriff das schöne, edle, gewiß engelgleiche Mädchen und stellte sie ihm vor. Irmengard schlug die Augen vor ihm nieder, und er unterdrückte ein inneres Entzücken, eine heilige Ueberraschung kaum mit Mühe; ja, er mußte aus seinem Herzen hinaus eine Frage thun, die zu keinem Bilde für keinen bloßen Maler als nur geistigen Vater eines Bildes gehört; er frug ihre Mutter: Wie heißt denn Eure Tochter?

Die Blicke des männlich schönen Malers auf die aufblühende schöne Irmengard verdrossen den gewissenhaften Don Ramon, ob sie ihn gleich rührten, als treue Sprache der Natur, die immer allweise und offen in ihren unverhüllten Geheimnissen und Offenbarungen ist; sie verdrossen den Raimund unwissenderweise; sie verdrossen den Hirtenknaben Nikolas, den Herzog des Kinderheers. Er ergriff sie wieder an der Hand, führte sie hinaus und fort in den blumigen blühenden Garten; und Raimund stieß heimlich die schlaue Frohmuthe an, ihnen in schicklichem Zwischenraum zu folgen, damit sie nicht den Entwurf zu der Kinderpredigt störe.

Den Kinderkreuzzugsboten geleitete Hagebald in ein Zimmer hinauf, eine Dachkammer, und um dem alten Hausmeister seine Kraft zu zeigen, machte der langbeinige

Herr immer Schritte über zwei, drei Stufen zugleich.

Achtes Capitel.
Die Kinderpredigt.

Nach einiger Zeit, die dem Raimund in einer gewissen Herzensängstlichkeit verschlichen, holte er den schönen, in seinem begeisterten und begeisternden Wesen, auch widerwillig von dem nüchternsten Manne fast er h ab en zu nennenden Hirtenknaben, und die ihm wie schaf- oder gar leithammelmäßig folgende Irmengard, die ihn wunderbar rührte, und doppelt, weil sie so schön war, aus dem Garten; während er, tief durchbebt, doch vergebens nachsann, wo er sie je gesehen, oder wem sie bis zum Weinen ähnlich gesehen, oder vielleicht gar wer sie wäre oder wer sie gewesen sei, ja wer sie noch werden könnte — oder wirklich würde. Er war wie bezaubert. Doch was half das. Er führte Beide hinauf in das Zimmer des geistgesendeten langbeinigen Boten, der sich nur den bescheidenen Namen „Angelus" gegeben, bei dem er schon seinen neuen Freund, den Doctor Ramon, fand, welchen er, um ihm einigen irdischen Menschenrespect zu geben, jetzt immer auch D o n Ramon nannte. Sie setzten sich alle vier um den müdegelaufenen Angelus, und es wurde von der verhalten lächelnden Frohmuthe „Liebfrauenmilch" kredenzt, in welche Don Ramon aber von seinem nüchternmachenden, unschädlichen geheimen Heilmittel geträufelt hatte. Und sie tranken, vom Doctor im Stillen sehr ernst und genau beobachtet.

Sie tranken. Sie nippten. Sie tranken wieder. Und nach

längerer Zeit verwandelten sich ihre Augen zuerst, die aus schwärmerischer Begeisterung und wetterleuchtendem Funkeln matt und matter, ihre Stirn kühler, ihre Wangen blässer, ja blaß, ihr Laut gemäßigter und ihre Sprache langsamer und ruhiger wurden, und sie saßen zuletzt da, die Hände müßig im Schoos. Eines wollte weinen, das Andere lachen; aber ward gleich wieder ernst und saß jetzt erst recht wie in einem Zaubergarten, aber verworren. Um sich zu beleben, trank Irmengard am meisten, füllte neu und trank dem Nikolas, der zürnend und erglühend dasaß, das Glas zu. Er hatte wie mit den allerfeinsten Sinnen begabt — und als wäre er wirklich, wie das Volk von ihm rühmte, mit höhern, ja mit Wundergaben begabt — nur von Zeit zu Zeit den Arzt mistrauisch angesehen, schlug jetzt der Irmengard das Glas aus der Hand, zeigte mit dem Finger der ausgestreckten Hand auf Don Ramon und rief: Das ist ein Feind, ein Verräther, ein Ungläubiger! Fort von ihm! — Er ist betrunken!

Und während Don Ramon selbst überrascht stand, sprach sein Freund Raimund in seiner Bauchsprache, die er von dem Angelus mit den langen Gebeinen tönen ließ: Knabe, du bist betrunken! Die Trunkenen halten die Nüchternen für perfect, wie sie das nennen, und halten die ganze Welt, die Sonne und den Mond für perfect; ja Häuser, Kirchen und Thürme, die Glocken darauf, und ihren eigenen würdigen Großvater, der mausstill im Sarge liegt, für besoffen, und sich nur für nüchtern. So ist das Ding! Du Glaubensherzog.

Der entflammte Knabe, zugleich von einem widerwilligen Grauen wie in zwei unsichtbare Geister zertheilt, aber faßte und hielt das Mädchen an ihren beiden Händen, küßte die Duldende fromm auf die Stirn und sprach: Meine Irmengard, du predigst als wahrer Engel den Kindern heut zu Nacht!

Raimund konnte sich nicht enthalten, darein zu sagen: „Heut zu Tag" — das gibt es nicht mehr — bis Weiteres.

Als Nikolas entrüstet fortgegangen, und wunderbarlich sogar sein Schäferhund Phylax den Don Ramon angeknurrt hatte, wollte sich Irmengard vor Unwohlsein zu Bette legen, denn sie sah eben nicht sehr malerisch aus, aber sie mußte gezwungen hinunter in den Saal, dem Maler als Modell zu knien.

Ramon und Raimund aber gingen in die Zimmer der Kinder, bei denen zwei arme Witwen geblieben waren.

Sie besprachen sich leise; Raimund war auf das Mittel gespannt, und Ramon sagte es ihm in kurzen Worten, und erläuterte es ebenso kurz, überzeugend und bündig, und sprach: Ihr seid doch wol einmal, also ein erstes Mal zu Schiffe gefahren, also seekrank gewesen — also ist Euch ganz erbärmlich zu Muthe gewesen, vollkommen gleichgültig gegen Himmel und Erde, Vater und Mutter, und hättet die ganze Welt um einen Batzen verkauft. Nicht wahr?

Ja wahr! antwortete Raimund lachend; für einen Kreuzer!

Also errege ich Abscheu, Widerdei, zuerst gegen Alles, dann in Tagen: Gleichgültigkeit gegen Vieles, zuletzt nur Begehren nach Hülfe in der Seele, und mache die Kräfte des Leibes schwach durch ein zweites „ausführliches" Mittel. Kann man Verliebte so heilen und mäßigen, eben denn so auch Verglaubte, welche hier vorliegen; so denn auch Steckenpferde und Steckenesel, ja Katzen. Das ist nicht Scherz! Denn stellt einen Blumennapf mit einem Busch „Marum verum" vor das Fenster, da sehet wie die Katzen und Kater kommen, nach dem Kraute springen, den Napf herunterhäkeln, und dann am Boden sich auf dem duftigen Kraut vor Entzücken wälzen und vor Wonne miauen, sodaß sie gar keine irdischen Katzen mehr scheinen, sondern unaussprechlich liebe und gute Wesen, nur noch mit irdischen Schwänzen und etwas höllischen Stimmen; die sich willig **fangen**, ja **martern** und **todtschlagen** lassen. Und welcher Katze der Pelz mit dem Geruche durchzogen ist, dieser laufen alle andern Katzen und Kater — denn ein Kater ist auch eine Katze — und Kätzchen **nach** durch Wasser und Feuer.

Das wäre eine Rede für meinen Bauch! sprach Raimund lachend.

So hat jeder Mensch, fuhr Ramon fort, und **jedes Volk** eine Zeitlang sein wahres „Marum verum", das zu seinem Glücke es behext, und ihm **über alle andern Uebel seiner Zeit hilft**. Aber begießest du es mit Lauge, dann ist es den Katzen „Marum **falsum**", ja sie verunehren sogar es dann auf ihre Art, vor Scham über sich selbst, und vor Rache an sich selbst.

Seid fest überzeugt, ich rede nur von Uebertreibung und möchte nur ein vieltausendfaches absehbar-unabsehbares Unglück verringern, da eine Verhinderung über der Macht aller Päpste, Kaiser und Könige liegt. Die **Gedanken, Gefühle** und **Wünsche** der Aeltern in einer Zeit stehen im nächsten Geschlechte auf, in die Welt, die nur eine große Carnevalsgarderobe erscheint, und werden in ihren Kindern geboren, und ihre Kinder **sind** die Aeltern mit frischen Händen und Füßen. Denn was wären sonst Kinder? und was wären sonst Aeltern? Und so werden die Knaben und Mädchen im leidenschaftlichen Frankreich und am feurigen Rhein hier jetzt Kreuzfahrerchen und nähen oder kleben einander Kreuze auf den Rücken, und selbst die kleinen Kinder im Hemde treten vor ihre Mütter und wollen schon ein recht schönes Kreuz von ihr aufgeklebt haben! **Und sind wir Beide besser?** Ich bin der Extract meiner Aeltern, und Ihr seid der der Euren — nur mit **der** Gefahr, eingekerkert, ja verbrannt zu werden, welcher wir Beide nur mit knapper Noth glücklich entritten sind! Diese Priester und Leviten hier, die so brav und gescheit sind wie wir, und im Grunde so gut wie alle andern vernünftigen Menschen, sie müssen aber diese berauschten Kinder segnen; drum möchte sogar ich, blos als ein Mensch, den bedrängten Geistlichen helfen vor Schimpf und Schaden, durch Hülfe an den Kindern; und Euch, mein theurer Raimund, sehe ich noch m i t den Kindern ziehen, um ihnen zu helfen, zu rathen, oder nöthigenfalls unfehlbar mit ihnen zu weinen und ein armseliges Häuflein davon nach Hause zu bringen! Und nur Ein Kind Einer Mutter erhalten ist eine d o c h n i c h t s t r a f b a r e That.

Der Tag verschlich darauf Jedem nach seiner Weise und der armen Irmengard in banger Unentschlossenheit. Und dennoch, auf bessere Stimmung hin, begab sie sich mit ihrer Frohmuthe bei der Abendröthe, wenigstens auf jeden Fall bereit, in das Haus in der Stadt und ließ sich von ihr schmücken. Raimund kam nach, auch Ramon. Als die Glocken darauf von dem Thurm zu der Vesper der Kinder bei den Ursulinerinnen erschollen und hallten, als aus allen Gassen Tritte von andächtig Schweigenden dröhnten, da befiel es sie wieder aus dem Glockenhall wie Himmelsruf; sie fuhr auf und reichte dem Raimund die Hand, sie in die Sacristei zu führen. Es erging ihr, wie dem zu einem Rehchen verzauberten Brüderchen — in dem Märchen „B r ü d e r c h e n u n d S c h w e s t e r c h e n" — das zwar still und getreu bei dem Schwesterchen blieb; aber wenn draußen im Walde die Hörner lustig zur Jagd erschallten, dann hinaus mußte zu den Rehen, und sollte es zerrissen werden von den Jagdhunden oder erschossen von dem Pfeil des jagenden Königs — und sollte sich sein Schwesterchen darüber zu Tode weinen, oder indeß doch tausend Angst ausstehen. Jetzt war sie das arme Rehchen.

Die hohen breiten Fenster der Kirche waren von außen beleuchtet; aber als sie zu Thor und Halle hineingetreten, sahen sie erst mit Bewunderung, daß sie e r l e u c h t e t waren, und wie bezaubernd! Die bunten purpurnen und smaragdnen Scheiben glühten und sprühten; die heiligen Schädel der Jungfrauen, als große Juwelen in Gold und Perlen gefaßt, sprachen aus ihrem Glanze von göttlichen Dingen eine stille bezaubernde Sprache, die Jedem, auch dem Kinderherzen verständlich war, wie den Blumen im Garten die Sonnenstrahlen. Alles saß und stand unter dem hellen Gewölbe unten voll Kinder, Mädchen und Knaben, und Mütter und Väter, und alte Muhmen und Vettern — himmlisch angefunkelt!

Der leise Gesang begann. Raimund übergab seine zitternde Irmengard dem Geistlichen in der Sacristei, und begab sich mit Ramon auf ein Chor der Kanzel gegenüber. Silberne, im Strahle der Kerzen blitzende Leuchter standen zu beiden Seiten auf ihrer Brüstung. Endlich schwieg der Gesang, und das heilige Mädchen, die im Antlitz marmorweiße Irmengard erschien, heute viel größer, mit den goldenen, wie mondscheinhell leuchtenden Flügeln, den grünen Palmenzweig in der Hand, während der Geistliche etwa drei bis vier Stufen niedriger auf der Kanzeltreppe stehen geblieben war und nur mit Haupt und Schulter erschien.

Lange war kein Wort von der Kinderkreuzpredigerin zu verstehen, nur tauchten jetzt ein: „Lasset die Kindlein zu mir kommen" auf — ein: „Ihnen ist das Reich"; und Alle weinten und schluchzten schon. Darauf ergoß sich mit ergreifender Rührung gleichsam ein **brennender Fluß**: Laßt alle Könige, selbst den König Andreas, zu Hause sitzen — uns Kindern ist das Heilige Grab gegeben! Wir Kinder werden das Herz des Sultan Malek in Aleppo rühren, daß er ein Christ wird. Ihm wird ein Licht aufgehen, wenn Kinder schon so verwogen sind, so weit hinzuziehen in den Kampf, und ihn bitten, selig zu werden! Das wird ihn doch überwinden, wenn er noch so tapfer sich gegen Harnisch und Schwerter wehrt! Und **uns Kindern** ist der Entschluß so ganz nicht schwer, so ganz nicht kühn, der

Sache ein Ende zu machen! Unter glänzendem Himmel werden wir hinwandern, in schönen Gärten unter milden Lüften, über blumigen Rasen. Goldene Früchte werden uns zu Seiten des Wegs hangen; Feigen, Weintrauben an Reben, gehangen von Pappel zu Pappel — wir werden **Thränen Christi** trinken! Ganz gewiß und ganz unmerklich werden wir jede Nacht eines Rosenblattes Dicke größer wachsen, und also dort groß und stark ankommen; keine Schuhsohle wird uns reißen, kein Aermel nur ein Loch bekommen, wie ihre Gewänder den Juden nicht in der Wüste, die 40 Jahre gehalten — und wie weit wären wir in 40 Jahren! Engel werden uns die Steine vom Wege lesen; das Meer wird zurückfliehen, wenn wir an seine Ufer treten, daß wir trocken hindurchgehen. Schwalben und wilde Gänse werden Befehl erhalten, uns am Himmel den Weg auf Erden zu zeigen. Und daß jedes Bedenken in euch erstickt, so wisset: Unser Heiliger Vater in Rom,[11]) der nie irrt, hat aus der Offenbarung offenbart und verkündet: Das Thier, der Mohammed, der Lügenprophet soll überhaupt nur 666 Jahre leben, und jetzt, heute sind **die Hunderte** davon, und von morgen an liegt er nur noch die ihm gezählten Tage im Sterben.[12])

Jubelruf unterbrach sie, sodaß sie erst nach langer Zeit noch rufen konnte: Und die Kinder der Franzosen sind schon fort uns voraus nach Massilia und dort eingeschifft auf sieben großen Schiffen, und brauchen keinen Fuß zu setzen; — gewiß will man uns nur schrecken mit der Kunde: Zwei Schiffe, voll ihrer, sind untergegangen ... und alle die Dreißigtausend sind von einem Seelenverkäufer an die Sarazenen zu Sklaven verkauft! — Das, das glaubt nicht! Wie kann das der Herr, wie kann das ein Engel nur zulassen? Kommen sie uns braven **deutschen** Kindern nicht zuvor! Oder wäre ihr Tod und ihr Unglück wahr — dann, **nicht desto besser**, sondern desto höher unser Ruhm auf Erden und unser Lohn im Himmel! Und so sage ich und verkünde ich euch: Unsere Ausfahrt ist auf heute über acht Tage bestimmt von Nikolas, der seine Boten überall hin ausgesendet. Und ganz überflüssig für euch, setz' ich hinzu: To d s ü n d e hat der Heilige Vater darauf gesetzt, wer nicht zur rechten Stunde seinen gelobten Zug antritt!

Und nach dem neuen Begeisterungsstürme fing sie nun an in A l l e r N a m e n d e n M ü t t e r n u n d V ä t e r n d e r K i n d e r n z u d a n k e n; dann für sie und für sich zu beten; dann großen feierlichen Abschied zu nehmen auf kurze Lebenszeit oder auf seliges Wiedersehen und selige Ewigkeit im Himmel.

Das war über die Kräfte aller Kinder und Aeltern. Da wurden viel Tausend Thränen geweint; denn wer hatte zu irgendeiner Zeit je solches gehört und empfunden. Irmengard war ganz starr und steif geworden; sie sank dem Geistlichen in die Arme, und die Freunde führten gleichsam eine Selige in ihr Vaterhaus, während Raimund bei sich sprach: „N u n z i e h e i c h m i t !" und Ramon beinahe sich schämte: „Wie schön ein Wahn sei, wenn er nur dauerte!" A b e r e s f i e l e i n S t e r n w u n d e r s c h ö n vom Himmel. Und er war wieder ein Mann, ein Bewohner der unermeßlichen Hallen der Welt, worin die Erde nur ein Fünkchen ist.

Neuntes Capitel.
Das Carneval.

Die Carnevalswoche war nun eben nicht verdorben, sondern die Verkleidungen, Masken und Maskenzüge, das Schneidern und Nähen, und Pappen und Kleistern, und Färben und Malen, Versuchen und Rüsten, das andere Jahre nach den verschiedenen Absichten kleiner und großer Gesellschaften sich richtete, hatte dieses merkwürdigste Jahr der Stadt Alles nur auf Einen Gegenstand Bezug — auf den Kinderkreuzzug; oder, als das Zweite: auf die brennende Hurd, die den Tag vor dem Jammer des Abschieds angesetzt war. Die Boten waren in die Städte und das Land weit und breit ausgesandt, und es ließ sich schon den Tag vor der Hurd eine große Menge Thränen- und Klagesüchtiger bis zur Ueberfüllung der Stadt erwarten, schon ohne die Scharen von Kreuzkindern und ihren Geleitgebern von weit und breit herum.

Auf der Lindenburg wurde Irmengard zu der langen Reise doch mit dem Nächsten, Nöthigen reichlich versorgt. Denn der Maler van Graveland hatte ihr eine prächtige goldene Halskette geschenkt, die Anverwandten hatten ihr alle Finger voll theurer Ringe gesteckt, um in Mangel und Noth eine Zubuße zu haben. Uebrigens hatte sie sich wieder in vollen Glauben gepredigt. Sie nahm gar keine Speise und keinen Trank, als solche, die aus der Stadt oder aus dem Dorfe ihr von ihrer getreuen Frohmuthe besorgt ward; da das schlaue Mädchen des Doctors Medicinbrauerei bemerkt, belauscht, in ihren Wirkungen klar und deutlich an den vielen andern Kindern, und besonders an dem Don Angelus wahrgenommen und ohne Zweifel ihrer Irmengard verrathen hatte. Denn die Kinder verloren wirklich allen Appetit, selbst nach dem Unentbehrlichsten; am meisten schmachteten sie nach Ruhe und Schlaf, und ihre kaum zähmbare fromme Aufregung war zur Gelassenheit, Gleichgültigkeit, ja zu Lächeln geworden. Das war am meisten an dem langbeinigen guten Viaductor Angelus zu sehen, der sich es wohl sein ließ, und in Wahrheit nicht einmal den Weg von Köln nach Bonn wußte, oder nur zu welchem Thore man hinausgehen müßte. Er hatte der Eingebung vertraut, auch darauf, daß er zu Jedermann in der Fremde gleich in der Sprache desselben werde reden können wie Wasser. Des Nachts, so rühmte er sich, könne er alle Sprachen und unterhalte sich geläufig darin mit allen verschieden gekleideten Ausländern. Nur früh noch trete in ihm eine Stockung ein; es falle in ihm wie eine Thür oder Klappe zu; doch hoffe er mit Zuversicht, daß die wie sonnenscheuen Sprachen auch am Tage herausbrechen würden, und nicht blos wie Eulen des Nachts in ihm schlurfen; denn reden brauche man ja doch nur am Tage! So hatte er sich weder vor Italienisch, Griechisch oder vor Türkisch gefürchtet. Jetzt war er ganz still und gewissermaßen froh.

Der Maler war auf der Burg draußen geblieben, sodaß der todte stille Herr Rath bald fertig gemalt war. Nur um Irmengard predigen zu hören, war Raimund auch zu den Ursulinerinnen gegangen — aber er hatte sie gesehen, und als Engel gemalt mit Flügeln und Palmenzweig, und er sagte von dem Bilde, obgleich schnell gemacht, sei die Irmengard doch gewiß sein bestes, schönstes und seelenvollstes, wie lebendiges Werk; zu welchen so obenhin gesagten Worten der Jude dem Maler eine verbindliche Verneigung machte. Raimund aber war entzückt davon in reinem Herzen, besuchte wieder sein Goldtönnchen, versandte davon der Sicherheit wegen und auf die Reise für alle Fälle mehr als hinlänglich an sichere Häuser und treue Handelsfreunde in einige Städte des Südens, und stattete seine Börse damit reichlich aus. Den hier bleibenden Schatz befahl er dem alten Hagebald zugleich mit dem neuen Freunde Ramon, der sein Gold mit dazuthat. In der Stadt und in allen Häusern sah es aus und ging es zu, als wenn in einigen Tagen und endlich diesmal gewiß der Jüngste Tag hereinbrechen sollte; ja manche Kinder sangen wirklich den Vers!

> Wenn der Jüngste Tag soll werden,
> Fallen die Sternlein auf die Erden,
> Kommt der liebe Gott gezogen
> Auf einem schönen Regenbogen,
> Neigen sich die Bäumelein,
> Singen die lieben Engelein:
> „Ihr Todten, ihr Todten sollt auferstehn!
> Ihr sollt vor Gottes Gerichte gehn:
> Wohlan, wohlan, auf diesen Plan
> Der liebe Gott will uns Alle han."

Alles Befehlen und alles Gehorchen war aufgehoben. Alles ging in den Häusern ganz ehrbar, ja feierlich zu, vom Aufstehen bis zum Zubettegehen. Die Suppe ward mit Andacht gegessen, als vielleicht die letzte Suppe; und wer am gerührtesten war, der legte zuerst den Löffel hin, oder ging gar vom Tische weg hinter den Ofen, und wer ihn am liebsten hatte, der ging ihm nach, und sie herzten und küßten da einander. Die Kinder thaten den Aeltern und den Geschwistern Alles zu Liebe, und die Aeltern ihnen. Jedem kleinen Kreuzfahrer ward noch sein Leibessen gekocht, gebraten oder gebacken; und eine alte Mutter oder ein alter Vater sprach wol zu dem Frieden und der Zufriedenheit: Könnte es bei uns nicht immer so sein? Ach, und wie bei uns, so lieb und treu ist es gewiß jetzt in allen hundert Städten und Dörfern umher im Lande! Schon deswegen, als Beispiel und Vorbild: w i e schön unser deutsches Reich sein kann und kaum wol jemals werden wird, ist euer Kreuzzug gar nicht mit Geld zu bezahlen, ihr Kinder — ja, wenn auch hier und da eins von euch nicht wiederkäme, sondern unterwegs oder dort von Engeln zum Himmel getragen würde, Und doch sprach wol eine Mutter darüber zu ihm: „Vater, versündige dich nicht!" und er zuckte die Achseln.

Der Rath Aldewin, der gute Vater seiner wahrhaft mütterlichen Tochter im Kerker, war ganz im Stillen in die Familiengruft beigesetzt, und er hatte durch sein Beispiel und seinen Tod den Vätern und Müttern aller Welt nur eine und zwar diese höchste Bitte verlassen: Steh' deinen Kindern i m m e r redlich bei, den glücklichen, und den unglücklichen noch mehr, in a l l e r ihrer Noth, und erst recht in Menschenschande und in Sünde vor den Menschen. W e r w e i ß, w a s i n d e r S o n n e S c h a n d e i s t ? u n d w a s e r s t g a r i m H i m m e l k e i n e S ü n d e i s t vor Dem, der Alles vergibt und vergab; sonst käme der Heiligste selbst nicht in den Himmel. E r h a t t e s i c h g e s c h ä m t, i h r e r s t z u v e r g e b e n.

Diese Worte hatte er zu seinem Weibe Irmentrud gesagt, und dann noch leise vor sich hin gesprochen: A u c h m i t d e n W e i b e r n m u ß m a n e s s o h a l t e n. — Das war verständlich jetzt für Don Ramon.

Am Freitag, als am Tage vor der Hurd, war die Frau Rath mit Raimund nun zu ihrer Tochter in der Abenddämmerung in den Kerker gegangen, wo sie auf überraschende milde Weise auch ihren n a t ü r l i c h e n Schwiegersohn bei ihr gefunden. Raimund lernte das sanfte, schöne, n a t ü r l i c h e Weib da kennen und ehren, und er flüsterte ihr leise zu, was morgen durch die Weiber in guter Hoffnung und durch die Weiber der Katharer, die jede Todesstrafe verabscheuten, und durch die Weiber d e r J u d e n im Chor zu ihren Gunsten geschehen würde. Der Jost, einzig der Narr wußte noch Rath, sprach er. Er ist mein Jugendfreund, und der Erzbischof ist der Freund meines Freundes Ramon, des Juden, der fest bei ihm steht in Gunst; denn seiner staarblinden Augen wegen bedarf er ihn mehr als alle andere unwissende Christen.

Zum Abschiede fiel der zum Feuertode verdammte junge Menschenjude, als **natürlicher** Schwiegersohn, seiner armen Schwiegermutter zu Füßen, und voll Angedenken an ihren edeln gestorbenen Mann sagte sie ihm jetzt nur desgleichen das Wort: **Auch mit der Tochter Manne muß man es so halten!** — Ach! ich müßte mich schämen, dir nicht zu vergeben! Lebt oder sterbet Beide wohl — nur wohl! — Ohne Tod kein Wiedersehen, und Wiedersehen vergilt das Scheiden und ist eine neue überschwängliche Freude, ein Himmelsanfang.

Wenigstens auf Erden; da ist es probat, das heißt: bewiesen. Das dachte nur Raimund, herzlich gerührt und weinend, dazu.

Zehntes Capitel.
Die Hurd.

Motto:

Am Himmelsgewölbe sind viel Haken eingemauert, daran das Menschenvolk seine Thorheiten hängt, und woran sie verwittern. Das neue Geschlecht reißt die alten herunter und hängt dafür seine neuen daran, die wieder verstocken und heruntergerissen werden, und wieder ersetzt. Die Haken halten.

Zur gesetzten Stunde brach unter einem sanften Sprühregen der Zug nach dem Gericht auf. Wie angenehme oder düstere Farben der Wolken am Himmel die Erde tonlos schmücken, so gaben die Glocken der Thürme mit ihrem wallenden Klange der Stadt ein unsichtbares — ein gleichsam frommes Dach, eine wie vom Himmel herab- und hereinklingende Weihe des Festes: zur Darlegung des Abscheus vor solchem höllischen Wesen, wo der Teufel einen Engel geliebt und der Engel sich dem Teufel ergeben mit Leib und Seele, sodaß sie Beide zu Einem, zu etwas Unnennbarem geworden.

Voran kamen „Funken"; darauf das schuldige Paar, nicht in Bußkleidern, die ihnen nicht zugestanden, denn ihre Schuld war nicht auf Erden abzubüßen, noch zu vergeben; sondern der erfinderische Geist des Karnevals hatte sie in Masken gesteckt, die noch nie gesehen und erhört waren.

Und so folgte ihnen unmittelbar nicht ein geistlicher Orden, oder ein Beichtvater, sondern wieder erst hinter einem Zuge Funken sangen und beteten sie das Ora pro nobis, nur wie für sich und das Volk. Denn hinter ihnen kamen die Frauen und Jungfrauen, Väter und Mütter; hinter ihnen ein Zug zur Warnung gezwungen dazu befohlener Juden, Greise, Männer und Weiber und Jungfrauen, und alle o h n e M a s k e, in schwarzen langen Sabbathröcken. Hinter ihnen kam nun der wahre große Carnevalzug. An der Spitze desselben zuerst in wunderlicher Maske d e r E w i g e J u d e, der die erhabensten Männer seines Volks führte: eine Reihe Könige, unter denen der kleine David mit dem Riesen Goliath; Salomo mit der Königin von Saba, und Absolon mit einer ehrfurchtgebietenden Perücke, die vor allen den Kindern am meisten gefiel. Zum Schluß kam Judas Ischarioth, den Beutel mit Silberlingen schüttelnd und seinen berühmten Strick um den Hals, und hinter ihm ein w i r k l i c h e r D i e b, der heiliges Kreuzzugsgut gestohlen hatte, und zwar nur wenig Pfennige den Kindern aus der Tasche — d o c h j e d e Z e i t h a t i h r e H a u p t v e r b r e c h e n, wie jedes Land sie — ihre zeitlang hat.

Sehr viele Männer und noch mehr Weiber aus allen Ständen und von allen Handwerken, die neben dem Zuge und hinter dem Zuge langsam ihre Augen und Ohren herausgetragen, stellten sich, endlich angekommen, um den Hügel mit dem Scheiterhaufen und zwei Pfählen, zu welchen die beiden Schuldigen hinaufgeführt und jeder an seinen Pfahl gebunden ward, mit den Händen hoch über den Kopf. Der Scharfrichter Elias in großem Staat, befahl da oben den Knechten. Und sie entkleideten die Verurtheilte so weit, daß ihr ganzer weißer Rücken erschien, und geißelten, ja zergeißelten sie, daß den Weibern allen, die sich am nächsten hinzugedrängt, die Augen vergingen, sie sich jammernd wegwandten oder mit dem Kopfe sich unter die

Menschen bückten. Die Gegeißelte ertrug die Pein und den Schmerz ohne auch nur einen Laut. Sie schrie aber einen Gall, als die Knechte ihren Freund nun noch ärger geißelten. Der aber warf mit lauter Stimme entsetzliche Worte aus der Alten Schrift über die Menge, und rief Prophezeiungen aus wie zerschmetternde Blitze, worüber die gläubigen Hörer ihn verlachten — um nicht zu zeigen: sie wären dadurch zermalmt. Als aber zuletzt die Knechte das Feuer an die Scheiterhaufen legten und Rauch aufquoll und Glut, und das Feuer ihre Haare ergriff, daß sie auflodert, da schrie sie entsetzlich zum Himmel empor, und entsetzlicher zu den Frauen hinab und rief: Und das leidet ihr Frauen? Ihr, die ihr Kinder geboren! und ihr Jungfrauen, die ihr Frauen werden wollt! Das leidet ihr, daß eine Mutter lebendig das Grab ihres Kindes wird? Das ist über alle Sünden und über alle Strafen. Wehe euch! wehe! wehe!

Da erwachten die Weiber wie aus einem Traume. Sie sahen sich an mit rollenden Augen, mit wüthenden Blicken; sie faßten sich an, an den Schultern, sie schüttelten einander, und ohne ein Wort zu verlauten, mit einem einzigen Schrei stürmten sie den Hügel, befreiten die wie rasend Gewordene, aber Stille, und geleiteten sie schonend und küssend, sanft und sorglich hinab und führten sie auf dem Wege zurück nach der Stadt.

Die Funken wagten nicht, sich an den Frauen zu vergreifen, denn sie hörten mit drohenden Fäusten selbst der Vornehmsten Weiber rufen: Verbrennt die Mutter, wann sie Gott ihre Schuldigkeit gethan. Dann, dann verbrennt ihr sogar ihr Kind vor Augen oder auf den Armen des Vaters. Aber ein Weib greift nicht an dem Weibe an, denn das Leben ist nicht die Mutterliebe, die himmlische Mutterangst.

Selbst ohne Waffen hätten sie die Bewaffneten zerrissen, und es blieb nichts übrig, als den schönen erbleichten Jüngling auch loszubinden, und mit dem siegreichen Weibe unter den siegreichen Weibern heimzuführen, langsam von fernen, von rohen Priestern begleitet und von dem Zuge der jüdischen Könige, und der Ewige Jude jubelte und tanzte voraus.

Raimund aber sprach leise zu Ramon: Der Narr hat gut gewirkt! und die Weiber mit Menschengefühl immer. Nun werden die Armen gewiß auch nach Rom gebracht! Nun muß ich fort. Du wirst ja hören, vielleicht noch heute, wenn du hinaufgehst zu den Augen- und Nasenpatienten. Wie froh bin ich. — Sie drückten sich die Hände.

Das lustige Volk aber lief wieder zurück zu dem Galgen, denn es hörte und sah: ihm zu einigem Ersatze wurde der Pfennigdieb gehangen,[13] der ärmste und lustigste Vogel in Köln seit vielen Jahren und Carnevalen. — „Fleisch lebe wohl!" hatte er, schon den Strick um den Hals, noch gerufen. Nun seht und versteht: Ich werde euch zur letzten Freude ganz ausgelassen mit meinen zwei Beinen zappeln — mehre habe ich nicht für den Augenblick — und dabei wißt nur: da tanz' ich mit Lilith, der alten Großmutter — ihr wißt schon von wem!

Und das Volk lachte unter den Masken hervor schauerlich, und sang dazu — denn es war ja Carneval, und ein Spaß mußte doch sein.

Elftes Capitel.
Raimund's erster Bericht aus Koblenz.

So sind wir denn fort — „man sollte es gar nicht glauben!" wie du immer sagst, guter Ramon. Ich bin ganz nüchtern, und doch wie betrunken; denn du hast Recht: Alles steckt an; man wird blind unter Blinden, und taub unter Tauben; ein Kind ist auf Erden auch nur ein angesteckter Mensch, und unter lauter Amseln wird er zuletzt nur pfeifen, und unter lauter Glocken zuletzt nichts als: „bim-baum! — bim-baum!" summen. So singe ich schon zuweilen mit den Kindern, und das Weinen wird auch noch kommen! Vor der Hand halte ich manchmal und lache den Zug unserer Kinder Israel an. Wenn wir doch eine Wüste hätten, um drinnen nur zehn Jahre größer zu wachsen, so würden wir zusammen mit den fränkischen Kindern ein schöner Stamm kluger Abendländer im Morgenlande werden, der **aus seiner Erinnerung** gar kein dummes Leben herstellen würde. Denn die ganze Menschheit muß wirklich vorher in einem sehr vernünftigen, stillen, geheimen Lande gewohnt haben, daß sie immer ein Vernünftigeres, Besseres — oder Ewigaltes zutage fördert, wie eine Art Bergleute oder Berggeister.

Also zum Nagelneuem!

Den Auszug aus Köln[14]) habt Ihr selbst mit Augen gesehen, und die Nachwelt wird Euch darum beneiden. Denn auf gewisse Weise ist das Geschlecht glücklich, das etwas Großes, Ungeheueres, Schönes, Lächerliches und fast immer ein Einziges, Einmaliges mit angesehen, mit gefühlt und mit überstanden hat, vom Trojanischen Pferde an bis etwa zu der schändlichen lateinischen Eroberung von Konstantinopel, heute vor acht Jahren. Ihr habt den Zuzug der Kreuzkinder aus den andern Städten, aus Aachen, Wesel, Düsseldorf, Lüttich, ja bis von Münster singen und weinen gehört, ihr Lager auf den freien großen Plätzen gesehen ... wie die, in den Häusern guter Leute nicht schon aufgenommenen und gespeiseten in den Hallen der Kirchen und den Gängen der Klöster die Nacht verbracht ... wie bei Sonnenaufgang alle Glocken die Kinder erweckt ... wie sie eingesegnet unter dem Severinthor, aus einem Wirrwar ohne Gleichen sich allmälig zu einer Art Leichenzug ohne Ende gestaltet, an dessen Spitze der Hirtenknabe Nikolas, von sechs starken Knaben gezogen, fuhr, in einer niedrigen, vierrädrigen, vergoldeten Karrete mit seidenem Baldachin gegen Sonne und Wetter; denn auch Herrschen und Herrscherpracht steckt an, und er wollte und sein Wagen sollte nicht schlechter sein als die französische Kindercarrosse seines Herrn Bruders St.-Etienne. Und das Alles mußte man mit frommen Gesichte, und gefalteten Händen ansehen, sonst bekam man die schönsten Ohrfeigen. Meine Gesichter Hab' ich im Leibe geschnitten, und mein Bauchredner hat seine Reden andere Leute halten lassen. Von den Thürmen habt Ihr uns nachgesehen, wie den Knaben die Hunde nachliefen; wie manche gute Mutter ihren Kindern noch allerhand brachte; da Eine ein kleines Päckchen mit Hirschtalg, wenn sie sich die Füße wund, oder, was man so nennt, sich gar einen Wolf gelaufen. Ja, eine Mutter brachte ihrem guten Käthchen bis auf das erste Dorf, bis nach Rothenkirchen, eine Düte mit Fliederthee nach, wenn sie sich erkältet hätte! — Da kamen mir die Thränen schon in die Augen, Als aber ein armer guter Vater seinem Knaben noch sein Bette nachbrachte — nämlich einen grobleinwandenen

Scheffelsack, darein er zu Nacht kriechen und die Bändel desselben unter dem Kinn zubinden sollte, und der liebe Sohn dem lieben Vater dafür um den Hals fiel — da brachen die Thränen mir auch wirklich aus. Die Reihe der Völker kann in nichts so Absonderliches verfallen, daß dem Herzen nicht viel Gutes zu thun und der Seele viel Besseres zu ahnen übrig bliebe! Vor der Hand habe ich bemerkt, daß die Kinder in ihrem Glaubensstolz und aus Würdegefühl ihres Zugs sich unterwegs nichts erbitten, sondern, ganz als wenn Alles ihnen gehörte, es geradezu nehmen und ohne Dank damit davongehen! Das erscheint als etwas Erhabenes. Ueberhaupt halten sie kaum etwas Anderes für Sünde als — ich weiß nicht was! und kaum etwas Anderes für herrlich als ihr Thun und ihren heiligen Pilgerzug. Und viele Menschen halten ihren ganzen Wandel auf Erden für einen solchen Zug und leben danach wie himmlisch vogelfrei! Da haben wir unsern Pilgerzug, den Adam und Eva schon derb und tüchtig angetreten!

Zu gutem Glück ist noch nichts auf den Feldern, noch auf den Bäumen; keine Kirsche, keine Birne, keine Kastanie, keine Nuß — denn sonst — wohldenenselben! Aber sie hatten sich im vorletzten Dorfe über einen Korb mit Ziegenkäsen erbarmt (denn ihnen ist das ein Erbarmen, ein Herablassen). Meinem Inquilinen, meinem Naturalisten mit nicht erst angeglaubtem strengem Gewissen im Leibe, konnte ich aber den Mund da nicht stopfen und die Lust, in den im Hofe stehenden Ziegenbock, in das Kalb und den bellenden Kettenhund zu fahren; und der Bock sprach: Engel wollt ihr sein, und Diebe seid ihr! und „Diebe" bellte der Hund, und „Diebe" blökte das Kalb. Aber das Reden der Thiere nahmen sie unverwundert so hin, als lebten sie im Alten Testamente zu Bileam's Zeiten, und sie würden noch der Anrede von Thieren gewürdigt! Aber sie meckerten nur den Bock an, bellten den Hund nach und jagten das Kalb umher.

Wie ich so stand, fassen von hinten mich weiche Hände an den Schultern, kehren mich um, und wer lacht mir mit dem bildschönen Gesichte in die Augen — Gaiette, die eine alte französische Theorbe, oder was für ein Ding, an einem Bande umhängen hatte. Das sehr schön gewachsene lustige Mädchen frug mich mit verstellter klagender Sorge: Lieber Herr Raimund, wo soll man diese Nacht wieder schlafen?

Ich rieth ihr kurz und ernst: Nun zur Seite unserer Irmengard, der du zum Schutz und zur Wache ja mitgegangen bist.

O, hier draußen in der Welt ist Alles ganz anders, sprach sie achselzuckend. Wir Frauenzimmer, ja nur wir Mädchenkammern sind alle überall immer ehrgeizig, hochnäsig. Auch unser neuer Herzog aus dem Schafstall. Wie ein neugebackener Fürst gleich sein neues Wappen und seinen Namen an alle Thore und Tafeln und Stallthüren malen läßt und als Fahne vom Wartthurm flackern, um das Verwundern und Erstaunen auf einmal abzumachen; so setzt sich der Nikolas auch sogleich über alle Verwunderung hinaus. Gestern ließ er die Irmengard in seinem Ehrenwagen fahren und er ging zu Fuße, und sah sie immer so ehrerbietig an — freilich als seiner Herrschaft geliebte Tochter! Freilich ich führe selbst auch gern, oder setzte mich zum vornehmsten Herrn, und wenn er ein Türke wäre, auf seinen Thron! Wir armen Mädchen müssen uns was versuchen!

Ihr Schatz, ein Webergehülfe, hatte sie begleitet, wie viele andere junge Menschen ihre Liebsten; ja sie hatten sich zum Abschied vor den Leuten geküßt, unverwundert, und keines hatte vor eigenem Leide gelacht. Sie erzählte, daß ganze Scharen Dienstmädchen, bedenkliche Waschweiber und armes lockeres Gesindel mitgekommen und noch nachkomme, und allerhand verwahrloste, geschäftslose, vertrunkene Bursche, denen man nicht gern allein im Walde begegne, oder Geld aufzuheben geben möchte. Wie werden die Jerusalem plündern! Doch will ich voraus nicht in Angst sein um jene armen reichen Leute dort, die noch ruhig schlafen vor uns! Der Weg ist weit. Nun, glückliche Reise! Auf Morgen hat der Alles — selbst die Haare der Kinder — durchschauende Herzog allgemeine Schafschur aller Haare vom Kopfe anbefohlen; befohlen? bewahre! nur einen Wink fallen lassen, und Alles wird gehorchen wie blind — nur ich nicht. Meine Haare sind mein Schönstes. Aber die demüthig gehorsame Irmengard wird sich scheeren lassen. So sprach das muthige Mädchen.

Nächstens mehr. Aber kurz, doch bündig.

Ich sende Euch dieses Schreiben mit meinem Reitknecht, der uns Schnecken bald wieder einholen wird, um sichere Nachricht von Euch zu erhalten: Wann Irmengards tapfere Schwester mit ihrem getreuen Mitleider nach Rom eingeliefert werden soll? Welche Art der Reise etwa von Kloster zu Kloster vorgeschrieben ... und welche und wie starke Begleitung beigegeben sein wird? — Ich, ich habe schon einige verwegene, gediente und verjagte Ritterknappen mir immer in Vorrath, noch ohne ihr Wissen ausgesucht aus dem Schwarme.

Zwölftes Capitel.
Zweiter Bericht aus Speier.

Ich weiß also alles Nöthige, und freue mich. Haltet den Narren nur warm, diesen in aller Stille mächtigen Herrn, der tausend Gutes durch Späße wirkt und es zu thun keinen Finger zu netzen braucht. Das ist die Geistermacht und auch der Geist steckt an, fange ich an zu glauben, nicht blos das Herz. Es freut mich für dich, mein Ramon, daß du auch dem alten braven Herrn das Licht seines Leibes erhalten kannst und wirst. Können ist eine schöne Sache, ein Absenker der Allmacht, und Wissen ist sein Vater. Hier sind so viel Grabmäler von gestorbenen Kaisern, daß Einem ordentlich frei und hoffnungsreich und groß zu Muthe wird. Doch das beiseite.

Unsere Heeresmacht, die beim Auszug, ohne die geistlichen Herren, nur etwa 7000 Mädchen und Knaben betrug, hat sich bis jetzt durch Aufnahme und Mitnahme von andern auf unserm Wege und durch Zuzüge aus dem breiten Flußgebiete bis über die Hälfte vermehrt, und durch weitere Verstärkung werden wir mit 20,000 jungen Kreuzzüglern die Alpen übersteigen, wobei die Kinder durchaus darauf bestehen, den Pilatusberg zu betreten oder aus der Ferne zu beaugen. Sie werden dann — denn wahrscheinlich werde ich wegen meines Seiten- und doch Hauptgeschäfts nicht mit dabei sein — ihren Weg von Basel über Zürich, den St.-Gotthard, Bellenz, Mailand und Pavia nach Genua nehmen. Aber welchen Weg! Einen

Heuschreckenweg! Denn ich will Euch zum Andenken nur Einen Tag beschreiben.

Früh knien Alle nieder und beten, das Gesicht nach Morgen gewandt. Dann gibt jeder Hauswirth einer zu Nacht bei ihm eingefallenen Kinderschar aus allen seinen Leibeskräften ein Frühstück, und sie packen sich die Pilgertaschen noch voll. Alles was Beine hat, begleitet dann mit der singenden Geistlichkeit den Zug zum Dorfe oder der Stadt hinaus, und, von Boten geführt, vereinigen sie sich vorwärts und den Ortschaften zur Seite auf der angenommenen Hauptstraße. Für unterwegs haben wir R e i s e gebete, wie die Geistlichen welche haben, nur den Umständen angepaßt, weggelassen oder zugesetzt von dem wirklich bewundernswerthen klugen, wie allwissenden Nikolas. Kreuze am Wege, Kirchen, Kapellen in der Ferne werden mitgenommen — das heißt begrüßt mit Kniefall. Bienenkörbe auszunaschen ist verboten, weil es Vielen sehr schlecht bekommen. Ein sonniger Wald voll rother Erdbeeren ist eine köstliche Labung, auch eine Ruhezeit. Aus den Orten kommen uns Processionen entgegen und wir singen uns einander an; da wird auch wol wieder Eins geweint. In den Orten, wo uns Nikolas weislich voraus ankündigen lassen, werden wir zum Mittagsessen eingeladen und von Weibern und Kindern in die Häuser geführt, wo bald Alles von den Tischen verschwindet; denn die armen Hungrigen essen (mit einem „fr" davor) wie Heuschrecken, nur wie riesenhafte zweibeinige. Darauf wird gedankt im Namen des Herrn. Darauf wird gewaschen und satt getrunken, und der Stab weitergesetzt unter Kinderbegleitung, von denen die größern uns den Weg weisen auf die Seitenwege, da wir dann i n d e r B r e i t e marschiren, und weil ein Strich Dörfer auf einer Straße uns nicht ernähren und Nachts beherbergen könnte. Die meisten gehen barfuß und lernen es recht gut. Viele haben sich einander die Haare vom Kopf geschoren, um gewisse

Kümmernisse loszuwerden, und lagen wie Lämmchen den Andern im Schoose. Das war eine große Wollschur der armen geduldigen Schafköpfchen. Fromme alte Weiber nahmen sich ganze Schürzen voll mit nach Hause zu ewigem Andenken. Die Kinder können unmöglich immer weinen und beten und singen — das verzieht sich so vor den tausend kleinen Wandersorgen. Denn in der Nachmittagszeit laufen die Knaben wol nach Eichhörnchen, kriechen nach Vogelnestern, und die Mädchen, schon große Trullen dabei, spielen Ball mit den Knaben und necken und werfen sie — aus lieber Natur! Oder sie spielen L e i n w a n d, und die Katze, die Wächterin, miaut erbärmlich, wenn dem Herrn wieder eine Elle Leinwand vom Diebe gestohlen ist. Aber plötzlich stehen sie, wie heim auf ihre Spielplätze gezaubert, und fangen an bitterlich zu weinen. In der Abendstunde baden Knaben und Mädchen, weit genug durch Gebüsche voneinander geschieden, in den Bächen, und krebsen wol auch darin. Indeß sitzen Andere und flicken sich ihre Sachen. Oder die mitgekommenen Weiber und Weibspersonen waschen an den Ruhetagen ihre Lümpchen und Läppchen und Tüchel, und flicken die zerlaufenen Strümpfe, oder machen aus den nicht mehr fadenhaltigen Bälle, — und die kleinen erschöpften Wandersleutchen pflegen sich und werden gepflegt. Die schlimmste Krankheit ist das Heimweh, wobei die Kleinen u n t r ö s t l i c h weinen und immer rufen: „Ich will heim! . . . Ich will heimgehen . . . Ich will zu meiner Mutter!" . . . oder Andere, schon etwas von kindischer Vernunft wie Angebrannte, klagen: „Ach, wäre ich doch zu Hause geblieben! Wie gern wollt' ich folgen! Wie wird meine Mutter weinen!"

Und was würden die Mütter, die Väter und Geschwister sagen, wenn sie das sähen! — Und ich sehe es gleichsam für Alle, und fühle es für Alle, denn ein Mensch fühlt wie Tausende, und keiner mehr noch anders. Solche Kleine behalten gütige Mütter bei sich und versprechen ihnen, sie nach Hause führen zu lassen, oder auf Kähnen, auf Frachtwagen mit. Da lachen sie himmelsfroh! Andere sind wirklich krank und werden untergebracht in Klöstern oder Hospitien von Begharden oder Beguinen — wo welche sind! Sie sollen mit den andern Reconvalescenten und mit den Lahmen nachhumpeln und nachhinken! Die Kreuzknaben sind von Allen geehrt. Füllen sie Sonntags die Kirche, dann müssen sie sich setzen und die Gemeinde steht. Die dann zu Hause bewanderten Knaben dürfen als Chorknaben ministriren, und die Einheimischen ziehen ihnen ihre Amtskleider sie bewundernd an; ja, die Kinder der Einwohner lassen ihnen den Vorrang, auf den Thürmen die Glocken zu läuten, und freuen sich, daß sie an den Stricken und Strängen sich gerade wie sie selbst von der zuletzt ausschwingenden Glocke mit dem Kopfe bis an die Decke h i n a u f r e i ß e n lassen — was uns einen Todten gekostet, mit dem alle Einwohner zu Grabe gingen. Unser Nikolas, jetzt mit dem Anstande eines vornehmen Edelknaben oder Grafensohns, läßt manchmal seine Irmengard fahren, und wenn er sie zu Hause als Hirtenknabe kaum Sonntags von Ferne sehen und grüßen durfte, so hat er sie hier draußen in Gottes freier Welt, unter Blütenbäumen sitzend, oder an Quellen im Walde, und sie macht einen Kranz, den er zuletzt immer bekommt, aber ihr hold auf das geneigte Köpfchen setzt. Seit unsere Irmengard als Engel gepredigt, hat sie mich durch Schönheit und Begeisterung zu sich bekehrt. Natürlich ohne Eifersucht, fühle ich Neid gegen ihren Seelenbeherrscher. Fast kann auch kein Mädchen m e i n e m v e r l o r e n e n   j u n g e n   s c h ö n e n   W e i b e , meiner Gabriele, in ihren Mädchenjahren, w o i c h s i e l i e b g e w a n n , ähnlicher sehen, als Irmengard. Und daß sie in seinem Wagen fährt, den immer sich abwechselnde, sehr rüstige Knaben mit Herzenslust ziehen, daß die Räder bald zerbrechen, hat auch irdische Ursachen: denn in der wie heiligen Karrete ist immer ein wohlschmeckender Vorrath an Trank und Speise — Schinken, Rheinlachs, allerhand Klostergebäck und Flaschen vortrefflichen Rhein- und Neckarweins, die ihm die Frommen verehrt, und den er ihr kredenzt aus dem einzigen Glase des ganzen Heerzugs.

Der langbeinige Wegweiser ist also geheilt — denn er ist nicht nachgekommen; auch nicht die Kinder aus der Lindenburg. Aber andere in der Stadt, die von den Aeltern in Keller und Kammern schon vor dem Auszug eingesperrt gewesen, aber von dem Lauten und Rufen und alle der, als Geräusch nur vernommenen Begeisterung des Auszugs so ergriffen — sind so hinterlistig gewesen, erst einige Tage nachher, nicht mehr bewacht, theils zu Fuß zu entlaufen, theils in Schiffchen, Rhein zu Berg, uns nachzufahren. Da war Freude!

Dreizehntes Capitel.
Der Mädchenbezauberer.

Heut' berichte ich Euch ein Neues, das die Verbindung von Morgenland und Abendland mitgeführt hat und welches noch viel Anderes, Schlimmeres und Besseres, mit sich bringen wird. Unausbleiblich. Die Sarazenen werden uns in Europa den Gegenbesuch machen und die Tataren sich bis in das Herz von Deutschland wälzen, Konstantinopel sich erobern und Rom zu vertilgen drohen, als den Krater von alle dem Unheil, die Lavaströme. Gewiß!

Also! Ich sitze in unserm lieben deutschen Strasburg, auf der Rheinbrücke von Kehl, darauf gegangen. Die Abendsonne schien prächtig den aus der Stadt wandelnden oder reitenden Menschen in das Gesicht. Kommt gerade ziemlich einzeln ein Reiter geritten. Sein Pferd glaubte ich gesehen zu haben und es zu kennen; zuletzt selbst ihn — und ich besann mich: von jenem Abend her, da wir nach Köln einritten, wo er plötzlich einem uns begegnenden jungen Reiter in auffallend schönen, reichen, wie goldenen Locken auf der Straße zurück nachsprengte, erhitzt wiederkam, von uns schied, und der uns, in den nur acht Tagen darauf, nicht aufgesucht und uns nicht vor Augen und Ohren gekommen.

Er war's; auch schon wieder auf Reisen, wie ich. Als er mich sah und wiedererkannte, hielt er, stieg ab, ließ das Pferd seinem Knechte, nahm mich unter dem Arm, und wir gingen stumm von der Brücke rechts am gerade menschenleeren Strand hinunter. Sein erstes Wort war: Ich reise nach Alexandrien. Ja, sprach er, als ich überrascht ihm ins Gesicht sah. Hört eine wahre, noch unerhörte Geschichte.

Ich unterbrach ihn nicht, und er erzählte, oft sich selbst nur mit Ausrufen des Schmerzes, der Wuth, der Trauer und der Hoffnung das Herz erleichternd, mir folgende Jammergeschichte:

„Vor drei Jahren um diese Zeit kam ein junger Mann zu uns in unser Landhaus am Genfersee. Wie er sich eingeführt, das weiß ich nicht; denn ich war auswärts gewesen und kam erst zurück, als ich meine Schwester schon als seine Braut fand, die sterblich — leider sterblich — in ihn verliebt war. Und sie wäre unzweifelhaft lieber gestorben, als ihn nicht zu besitzen, ihn zu verlieren oder je zu verlassen. Was kann ein Bruder dazu sagen, dazu oder davon thun! Die Brüder sehen das so mit an, als eine natürliche, wenn auch neue und überraschende Entfaltung ihres Haus- und Familienlebens, und machen Brüderschaft mit dem Schwager und er mit den Schwestern der Braut. Wird doch selbst ein neuhinzugekommener Sperling unter einem Flug Sperlinge aufgenommen und fliegt mit dem zusammensichhaltenden Volke. Er gab sich nicht nur für einen Griechen aus, sondern seine Thaten werden Euch zeigen, daß er wirklich einer war von jenem unglücklichen Volke, das jetzt seinen Kaiser, seine Hauptstadt und Alles verloren: Ehren, Würden, hohe einträgliche Aemter und Handel und Wandel. Und wo die Rache ins Unglück fällt, wie Gift in Milch, da ist Alles möglich, und wenn nicht verzeihlich, doch erklärlich. Doch ich überstürze mich. Aeltern mußte er doch gehabt haben, und so war es auch glaublich, daß sie in Kreta wohnten, und daß sie von ihrem großen Vermögen noch Einiges gerettet, was er nicht übertrieben groß angab. Er erzählte auch (in Vorrath, sage ich wieder voraus) von seinem Bruder E n d y , der ihm als Zwillingsbruder zum Verwechseln ähnlich sähe, der aber ein so leichtes Leben führe, daß er ihn selbst, um sich seiner nicht schämen zu müssen, lieber verleugne. Er selbst nannte sich mit seinem Taufnamen M i o n ; denn der Vater habe den Namen E n d y m i o n in sie beide vertheilt. Ein Bruder hat nun keinen rechten Begriff von der Schönheit oder gar Engelhaftigkeit seiner Schwester; doch sah ich, wie die meinige allen jungen Männern ein Wunder, ein angstmachendes Wesen war. So glaubte ich auch an die Liebe des Griechen, der jahrelang in Paris den Wissenschaften obgelegen, so gut wie, unter angenommenem Namen, der Sohn des Sultans Saladin in jener weltberühmten Stadt viele Jahre lang das Wissen und Können der Abendländer erforscht und sich eigen gemacht, um ihnen an Geist vollständig die Wage zu halten. Mein Schwager wollte sich auch nun ein verständiges edles Weib mit nach Hause nehmen, frug nie nach Vermögen, nach einer Mit- oder Nachgift, oder gar einem Erbe — und nur die Mutter stand endlich dagegen auf, ihre Tochter einem G r i e c h i s c h g l ä u b i g e n zum Weibe zu geben ... u n d s o   w e i t   w e g ! — Da war meine Schwester eines Morgens entführt, sammt der ihr bereitgelegten Mitgift an Gold und Schmuck. Er hatte aber, wie wir erfuhren, im nächsten Orte schon redlich sie sich antrauen lassen, und sein Diener, ein finsterer, verschlossener Ragusaner, hatte für sich auch ein ganz armes, aber bezauberndes Mädchen mit entführt, als leise Gott, zur Kammerfrau seiner Herrin, damit sie in der Fremde doch mit Jemandem von der Heimat reden könne.

Meine Schwester schrieb einen rührenden Brief an die Aeltern, und was wollen Aeltern mehr als das Glück ihrer Kinder, wenn es auch ihnen im Alter eine Einbildung ist. Aber sie hatte versprochen, alle Jahre nach Venedig zu kommen — und sie war drei Jahre nicht gekommen und hatte auch nie geschrieben! — Da traf ich in Genua auf meinen Schwager oder seinen Bruder; der erstaunte über meine heftige Anrede; er gestand zu, er sei der Bruder desselben, und wollte endlich nur gehört haben, die Frau sei gestorben, und sein Bruder habe es deswegen verschwiegen, damit sie in der Seele ihrer Verwandten leben bliebe! Er nahm kurzen Abschied. Ich fing Verdacht irgendeiner Art. Ich schiffte nach dem angegebenen Wohnort meiner Schwester. Welch ein Schreck! Dort kannte kein Mensch einen solchen jungen Mann! Vielleicht sind die jungen Leute von christlichen Seeräubern geraubt, fortgeführt und verkauft worden, sagte mir nur ein verständiger Alter. Und nach Monaten begegnete ich meinem Schwager, dem Goldlockenkopf, in Nizza wieder. Ich faßte ihn an der Brust. Ich wollte ihn festhalten, mir Rede zu stehen! Er entriß sich mir. Das machte ihn mir verdächtig, schuldig. Ich habe ihn wiedergetroffen und dann grimmig verfolgt. Ihn plattweg «erstechen» hätte ich zweimal gekonnt; aber was half das mir? Er mußte mir Rede stehen, mir Rechenschaft, mir Auskunft geben! In diesem Aufruhr des jetzigen Menschengeschlechts, in diesem Gekreuz und Gewirr von unzähligen Fahrern und Reitern aller Art, worin sich Tausende verbergen könnten, irrte ich verkleidet auf gut Glück mit Euch, bis zu Euch. Er hat da eine junge, reizend schöne, wohlerzogene Französin, die, verarmt, sich bei ihren Anverwandten aufhält, geheirathet, sich mit ihr trauen lassen, und war mit ihr verschwunden, als ich glücklich noch seinen Diener ertappte, den Ragusaner. Ich verschaffte mir handfeste, schlaue, für Geld gewissenlose Gehülfen, die ihn Abends von der Straße wegfingen, ihn knebelten und in ein einsames Gewölbe schleppten. Ich verschaffte mir gerade müßige, bärbeißige und mitleidslose Diener bei der Inquisition der Dominicaner, welche die Folter aus dem Grunde verstanden. Ich war grausam aus

Liebe gegen meine Schwester, aus Angst für unsere trostlose Mutter . . . mir schaudert zu sagen: er gestand erst die dritte Nacht — und was? . . . Meine Schwester war schon die d r i t t e — F r a u, um so zu sagen, die er ihrer Schönheit wegen um einen Ungeheuern Preis an reiche Türken verkauft, die fabelhafte Summen für eine fabelhaft schöne Jungfrau mit Freuden geben. Er hatte sich mit ihr t r a u e n lassen, um sie sicher zu machen und zu beruhigen! So waren sie, meine Schwester I s i d o r e und er, nach Alexandrien — geflohen; er hatte durch den gewandten Diener die Ankunft einer frischen Schönen dem Statthalter M a s c h e m u c h zu wissen gethan, die von ihrem Manne rein und unberührt wie ein Engel geblieben und bleiben mußte. Er hatte sich bis dahin krank und leidend gestellt! Sie hatte er gereizt, ein H a r e m sehen zu wollen. Sie war verschleiert mit ihm gegangen. Sie hatte gesehen. Sie war gesehen worden. Sie hatte gefallen — und nicht mehr hinausgehen dürfen. Welche Ueberraschung für ein liebendes, treues Weib! Sie hatte geweint. Sie war verzweifelt. Er war mit dem Golde fortgegangen. Der Diener hatte ihr in dem Harem — worein, wie in alle Häuser, alle Neuigkeiten dringen — die Nachricht hineinschwärzen müssen: ihr Mann sei ermordet. D a s s o l l t e i h r T r o s t s e i n!

Darauf seien sie wieder nach neuem Raube ins Abendland gezogen, wo er seine bezaubernde S c h ö n h e i t zum Köder von jungen Schönen gemacht, die noch Alles glauben, weil sie lieben, und Alles thun, weil sie wähnen, mit sich zu entzücken.

Ich habe mir Alles lassen genau angeben, und den Diener auf ein Schiff auf den Walfischfang — b e s o r g t! Er k ö n n t e sobald und würde sich kaum rächen; denn ich habe ihm so viel gegeben, als er mit zehn Reisen von dem goldlockigen Apollo bekommen hätte. Lebt meine Schwester noch, so ist sie vor Gram — über ihren angeblich gestorbenen Gemahl abgemagert, blaß und elend geworden — schlimmer wie alt. Und so darf ich hoffen, sie von ihrem Herrn zurückzukaufen, wenn es sein muß, um sein doppeltes . . . dreifaches Kaufgeld. Ja, ich wäre so niederträchtig, jedoch aus heiligen Ursachen, ihm ein wunderschönes Mädchen für sie zu geben, wenn ich mich nicht schämte, eine dazu W i l l i g e zu suchen oder zu finden. Der Wille macht Alles gut und Zwang macht Alles entsetzlich. Die Jungfrauen und Frauen wollen l i e b e n ; das steht bei Allen fest. Dann zerfallen die Liebenden in G e l i e b t s e i n w o l l e n d e , geliebt von Mehren, geliebt von Einem, geliebt zuerst, geliebt einzig und geliebt zuletzt! Aus diesen Geblütsarten mischt das Herz und das Glück und das Unglück i h n e n d a s L e b e n."

*   *

*

Der junge Ritter, der H e i n r i c h v o n S a v e r n hieß, begleitete seinen frühern Reisegenossen Raimund in sein kleines Stübchen bei ärmlichen Leuten, in deren eigener Stube gegenüber zugleich Irmengard und Gaiette wohnten, denen mit einem querüber gezogenen Bindfaden in der Ecke ein Stübchen im Stübchen abgegrenzt war. Raimund vertraute ihm dort auch sein Geheimniß, daß die zur Hurd Verurtheilten nach Rom geliefert seien; daß er die von ihnen einzuhaltende S t r a ß e wisse; die Z a h l ihrer Begleiter — nur zwei —; die F a r b e ihrer Maulthiere; die W o c h e , in der sie an einem ihm genannten O r t e in S ä n f t e n mit schwarzen Kreuzen und Fähnlein vorüberziehen würden; und daß er sich schon immer mit zuverlässigen Männern versehen und bereit halte, die Unglücklichen aufzuheben und dann weit vom Wege ab an einen sichern Ort zu bringen und zu verbergen. Und in einer Woche ginge die Woche an, sich seitwärts in Wald oder Schlünden wo in Hinterhalt zu legen. Bei dem langsamen beschwerlichen Ueberklettern des Kinderkreuzzugs über die Alpen und den noch weiten Weg durch die Lombardei bis Genua, hoffte er noch vor ihm am Meere einzutreffen, um dann wieder ihrer Irmengard weiter beizustehen in der Raserei unter offenem Himmel, dem Tagwandeln so vieler mond- oder kreuzsüchtiger armer Kranken, welche Noth und Tod erst bei ihren Namen rufen müsse und werde, um entsetzt und beschämt zu erwachen und zu sehen, „wo sie wären". Aber wohin, frug er, rathet Ihr mir, Savern, unsere Frederune mit ihrem, ich glaube „Salomon", zu bringen?

Und Savern sprach: Zu meinen Aeltern nach Genf! Sie haben über den See weg, und dann noch hinter Bevay, jenseit der Berge, eine kleine Meierei, die außer allen Wegen liegt.

Raimund konnte ihm nur mit Freuden dafür danken, und Savern schrieb ihm in Hast einen Brief an die Seinen, und bat ihn, ihnen von sich zu erzählen, und daß er hoffe, in zwölf Wochen zurück zu sein nach Genua.

Jetzt kam Gaiette, die den Fremden hatte kommen sehen, mit ihrer Zither herüber, und Raimund sagte zu ihr in froher Stimmung, ja im Scherz, der widerwillig auch zu Zeiten den Unglücklichen befällt: Siehe, Gaiette, da ist ein Herr, der fährt mit Engelsflügeln nach dem Gelobten Lande, oder dicht daneben, der nimmt dich geschwind wie der Wind mit.

Also auf, fort noch die Nacht! sprach Savern zu ihr und ergriff ihre Hand. Schöne Pagenkleider für dich sind geschwind in der Stadt noch zu haben. Ich habe ein feines, kleines, rehfarbenes corsisches Pferdchen für dich. Dort bist du dem Sultan Amalrich von Jerusalem selbst nicht zu schlecht, ja ein Schatz; hier bleibst du ungekauft, als von einem Schneider, Schuster oder Tuchknappen; denn du hast kein Geld, dir einen bessern Mann zu kaufen! Also!

Sie ließ ihm die Hand und war nur roth geworden. Und mit bittern Gefühlen im Innern frug er sie: Kannst du Zither spielen?

Und das morgenlandsüchtige Mädchen rauschte ihm was in den Saiten.

Kannst du singen?

Und das gute Mädchen sang, daß ihr die Thränen in die Augen traten.

Kannst du Türkisch reden?

Und das begeisterte Mädchen redete Worte a u s i h r e m G l a u b e n : „w i e T ü r k i s c h k l i n g e n m ü s s e !" redete, und befahl ihm mit ausgestrecktem Finger: „Ili, kutsch Ili! Ili, kutsch Ili!" sodaß Alle lachen mußten und sie selbst.

Nun Alles sehr gut! belobte sie Savern. Aber nun noch die Hauptsache: Kannst du tanzen?

Und nun tanzte das mond- und türkenmondsüchtige Mädchen, reizend mit liebenswürdigem Gesicht und funkelnden Augen. Aber vor Lachen taumelte sie und warf sich auf das Bett. Und Savern besah ihre Finger und steckte ihr einen schönen Ring an, in dessen Glanz und Schein sie lange hineinsah — wie in das Morgenland.

Raimund ward zum Nikolas in einen „Rath der Hirtenknaben" fort aus dem Hause berufen, und die beiden Männer, jeder für die Seinen zu jedem Opfer bereit, schieden auf Tod und Leben, ungewiß, ob sie sich wiedersähen.

Savern blieb in Gedanken sitzen.

Am Morgen kam Irmengard zu Raimund herübergestürmt und erzählte ihm ihren Schreck, daß im Morgengrauen sie ein schöner junger Page im Bette überfallen, ans Herz gedrückt und unter heißen Küssen ihr Gesicht und Brust naßgeweint habe, und frug ihn, wo Frohmuthe wol sei?

Er erröthete über das kecke entflohene Mädchen und über Savern, der sie a l s l e t z t e s M i t t e l , seine Schwester zurückzukaufen, mitgelassen, mitgenommen. Wollte auch er selbst ja, wie Jener, sogar sein Leben daran setzen, warum sollte Savern nicht nur eines Andern Wunsch erfüllen? Und

„des Menschen Wille ist sein Himmelreich", sprach er, „nur ein verrückter Wille: ein Verrücktes".

Vierzehntes Capitel.

Darauf zog er noch mit bis nach Basel. Dort war große Heerschau zum Zuge durch, ja über die Schweiz, nach Zürich, Zug, Altdorf und über den beschwerlichen und gefährlichen St.-Gotthard, nach Bellinzona. Schon jetzt waren Wunderdinge passirt; ein Seitenzug des Heers, mehre Tausend, die die Sarazenen schlagen wollten, hatten nicht gewagt, durch einen Wald zu ziehen, worin neun bis zehn Räuber hausen sollten, und schleunig um Schutzwache und Geleit von großen Männern gebeten. Es waren große Gewitter und in der That furchtbare Regenschauer gewesen; die Kinder hatten im Freien übernachten und naß am Morgen wieder hungrig weiterziehen müssen. So hatten Hunderte das Fieber bekommen und vor Angst doch eilend sich die Füße wund und blutig gelaufen unter entsetzlichem Weinen und Singen. Manche hatten sich Beine gebrochen, und so war ein meilenlanges Lazareth am Wege her entstanden. Dazu wurden sie von den fast unzähligen, nur auf Raub und liederliches Leben mit ausgezogenen Spitzbuben und Spitzbübinnen um ihre noch etwa übriggebliebene, für die äußerste Noth erst aufgesparte, an sich schon kleine Habe von ihrer Mitgift und ihrer Reiseausstattung gebracht, und die unter diesen Umständen mehr als grausamen Heuchler und Diebe und Diebinnen, die zu desto größerm Vertrauen gerade in Beguinen- und Beghardenkleidern mit dem Kreuz auf dem Rücken mitgepilgert waren, verzogen sich nun und entliefen aus gerechter Furcht vor dem Schicksale des Zugs so vieler Tausend auf einem meist häuserlosen Wege durch die Schweiz und über die Schneegebirge.

Raimund stand und übersah von einem Hügel das große weite wimmelnde Lager der Kinder, die im schönen warmen Sonnenschein wieder froh waren, und jedem besonders hohen Berge, als dem Berge des Pilatus, ein Zetergeschrei brachten. Er wollte morgen bei Tagesanbruch scheiden und die Scheidenden sehen klar und wahr. Neben ihm standen auch zwei Männer, ein Ritter und ein Priester, die das Leben unter dem Schwarme auch nicht mehr ertragen konnten, und den Zug verlassen wollten. Und der Ritter sprach verwundert: Wenn einem Heere von Rittern hätte ein Zug vorbereitet, geleitet, versorgt, ernährt und ausgeführt werden sollen, wie viel Millionen an Geld und viele nacheinander eintretende Tausende von sorgfältigen unermüdlichen Schaffnern, Aufsehern und Auf- und Nachräumern, und Heerden von Ochsen und Schafen und Pferden würde Das bedurft und gekostet haben — was hier blos aus Leichtsinn und auf Mildthätigkeit unternommen, und auch, wie bei uns Erwachsenen, zu nichts, als zu einem ebenso jämmerlichen Ausgange gebracht wird.

Und Raimund sagte bewundernd: Wie leicht und süß sterben doch Kinder! Ich habe da ein Mädchen sterben sehen — dagegen ist aller Rittermuth lächerlich! Da ist kein Glaube; da ist nichts als Kinderherz, noch nicht ängstlich gemachte, reine schuldlose Kinderseele! Sie schwebt auf und fort, wie ein ausgehauchtes Flämmchen! wie der unsichtbare Duft einer Blume! Und wenn diese Kinder alle die Teufelsbrücke hinunterstürzten oder gestürzt würden, sie fielen alle selig in den Himmel in ihrem Kopfe, in ihrem Herzen.

Ich muß es sagen, die Kinder ertrugen unzählige kleine und für sie große Beschwerden — mit gar keiner

Geduld, nur mit fröhlichem Sinn aus Eifer, und weil ihrer Tausende das Gleiche ertrugen. **Wie viel schwerer könnte der ganzen Menschheit das Leben sein, und es würde auch noch gelebt und zu Ende getragen!**

Und der Priester hielt schon lange seine Hände gefaltet und sprach jetzt betrübt: Da seht nur unten den Wirrwarr! Die Messe wie vor den Kirchthüren! Alle stehen da untereinander, kaum die einigen hundert Priester und Geistlichen, alle unter gleichem Gewande, der Sklawine der Kreuzfahrer. Dort nur haben dir Weiber sie abgelegt und waschen sie. Mädchen waschen ihre Läppchen und Lümpchen und hängen sie zum Trocknen auf Sträuche und Zäune — wie den Engeln hin. Andere nähen die Löcher und Schlitze zu, schneiden die Fetzen und Zumpel von ihren Röcken und stopfen noch einmal die letzten Strümpfe, oder schleudern sie fort. Da ist kein Schrank, keine Truhe, keine Vorrathskammer, woraus die Mutter den Schaden ersetzen könne und etwas Neues geben, und das Alte geht zugrunde. Und nun erst innerlich den Schaden zu besehen, **um ihn zu verschweigen;** — Ihr wißt wol, daß alle Welt, die Augen und Ohren hat, weiß ... wie es schon auf Processionen zu einem heiligen Bilde hergeht; am liebsten auf einer, wo ein Nachtlager **hin** und ein Nachtlager **heim** sehr angenehm ist, in schöner Sommernacht, selbst unter freiem Himmel; oder in Schuppen und Scheunen und Bansen, auf Stroh- und Heuböden, wo natürlich kein Licht geduldet werden darf. Ihr habt wol gehört, wie sich die Züge **erwachsener** Pilger und Kreuzfahrer gewöhnlich nicht durch **besondere** Heiligkeit auszeichnen, da sie blos mit dem Glauben und dem beschwerlichen und gefährlichen Kreuzzuge allein schon allen andern Ansprüchen an Menschenglauben genug zu thun und dabei **keine** andern Pflichten und Gebote für Menschen mehr besonders genau zu beobachten hätten, weil sie im

V o r a u s schon Vergebung aller Sünden auf ihre Zugzeit erhalten haben, — ebenso verdient die Aufführung unserer jungen Kreuzfahrer und Kreuzfahrerjungen und -Mädchen — vermischt mit so vielem Gesindel, das nur, w e i l e s n i c h t s t a u g t, mit ihnen gezogen ist — wol keineswegs der Hülfe Gottes, oder der Maria und Magdalena zu ihrem Leben. Wie viele Aergernisse hat es schon gegeben, die alle vertuscht werden, um die Heiligkeit zu bewahren! Und wohin werden sie nun kommen? So Gott will nach Italien, in die warmen italienischen Nächte, in Haine bei Mondenschein und Nachtigallengesang!

Raimund sah den Priester an und mit dem gewissen Blick in die Augen, und dieser „Reine" sah ihn wieder s o an, und Beide erkannten sich als Genossen e i n e s Glaubens.

Sie hatten schon lange viele Rheinkähne von Hüningen herauf- und von Schaffhausen herabkommen, anlegen und ausladen gesehen. Als sie darauf bei Sonnenuntergang in das Lager hinabstiegen, sahen sie die kleinern Knaben warme Jacken und Hosen, zum Unterziehen unter die leinenen kalten Sklawinen, sich nach Hause tragen; die größern und größten Mädchen aber trugen sich Säcke heim, die inwendig und auswendig mit Wachs bestrichen waren, und die Säcke sollten über die Berge auf der dorflosen Straße ihre Betten sein, in die sie zur Nacht hineinkriechen und die sie mit den Bändern unter dem Kinn sich fest zubinden s o l l t e n. Damit schien ein doppelter Nutzen beabsichtigt zu sein von den geheimen Rathgebern des Nikolas, der einen besondern und wirklichen Hirtenbrief an die andern Hirtenknaben erlassen. Ein frommer Priester hatte aus frühern Jahren an die m u t h i g e n S c h w e s t e r n, die „S y n - e i - S a c t a s", erinnert, die das oft gelungene, oft mislungene Kunststück gewagt, unter Jünglingen und Männern muthig und getrost zu schlafen, und sich zu bewähren; aber aus den „S a c k t e s" hatten sie hier übelverstandene „S ä c k e" gemacht, die herbeigeschafft worden, und in welche zu fahren die redlichen Mädchen sich freuten und sie schon probirten.

Sie hatten dann ruhig und selig darin die Nacht geschlafen, aber es war gegen Morgen durch Fahrlässigkeit Feuer ausgebrochen; die Säcke hatten geschrien, sich fortgewälzt, sich selbst nicht erlösen können, und Keines hatte das Andere, vor zitternden Händen, aufknötern können — und so waren sie fortgehüpft, niedergefallen, wieder mühsam aufgestanden, und bei dem Feuerscheine hatte es ausgesehen wie eine ganz eigene Auferstehung von den Todten, oder von großen graugelben Ameiseneiern mit menschlich schreienden Köpfen.

Verbrannt, nicht einmal angesengt, war glücklicherweise kein Mädchen.

Das war das letzte Bild, das Raimund, bei seinem Aufbruch zu seinem Wagstück, von den armen Kindern in seiner Seele mitnahm.

Fünfzehntes Capitel.
Die mehr als tödtliche Wunde.

Raimund, der treue Bruder, hatte einen sichern Ort im Walde unfern der Straße gefunden, seinen Diener auf dem Wege zurückgeschickt, um voraus berichten zu können, wenn die Tochter des gleichsam für sie gestorbenen Vaters käme. Da sie aber gewiß nicht die Nacht, noch bis Spätabend reisten, so mußte er die Aufhebung am T a g e, also gleichsam im Fluge vollbringen, und seine redliche Seele befahl ihm obendrein: Niemand dabei zu tödten. Endlich erst den letzten Tag der Woche berichtete der Diener eilig herbeifliegend: Sie kommen! Sie sind es!

Er erblickte sie gegen Abend. Er und seine Leute ritten m i t i h n e n, als von einem Seitenwege kommend; sie grüßten sie und unterhielten sich zutraulich lange mit den zwei Reitern. Endlich war die Straße weit hinauf und hinab frei von Menschen. Und es kostete dem guten Raimund eine menschenunwürdige Ueberwindung: die getrostgemachten Reiter auf einmal zu überfallen und als Feinde — ja von ihrem Widerstande gezwungen — als Todfeinde gegen sie aufzutreten; ja sein redlicher, wahrheitredender Geist im Leibe wollte sie sogar warnen, und er bannte ihn nur mit Gewalt, da er Frederune aus der Sänfte rufen hörte. Sie hatte ihn also erkannt. Er foderte kurz mit blankem Schwert, daß sich die Führer ergäben, indem er, abgestiegen vom Pferde, auf den vordersten eindrang. Und sichtbar übermannt von den Andern ergab er sich. Wie aber Raimund ihn binden wollte, stolperte er, fiel auf das Gesicht und der andere Führer stach ihn mit seiner Lanze in den Nacken, in den Sitz des Lebens, bis auf das Mark. Er blieb ohne Verstand liegen; aber seine Leute banden den Führer und dessen gefangenen Gefährten mit Stricken, knebelten sie, führten sie hinter die vordersten Bäume des Waldes und banden sie fest, jeden an einen besondern Stamm, daß keiner den andern losbinden, aber sich später Hülfe erschreien könnte. Drauf schlossen sie die Sänften mit den den Wächtern vom Halse abgenommenen Schlüsseln auf, sahen hinein, und bedrohten die von Rom Erlösten, drinnen zu bleiben; schlugen die schwarzen Kreuze und Todtenfahnen vor den Sänften, banden den haltlosen verwundeten Ritter Raimund auf eins der Pferde, und so eilten sie schnell von der Straße rechts hinein auf die zuvor gewählte Straße im Thale der Aar hinauf.

Raimund kam erst am andern Morgen im ersten Nachtlager in einer einsamen Mühle zu deutlicher Besinnung. Er hatte wenig Blut verloren, und die Freude des Wiedersehens mit der erretteten Tochter seines Bruders, und ihr und ihres Geliebten Dank für die Errettung war unaussprechlich und wurde nur geweint. Die Befreiten ließen ihre entsetzlichen Kleider in die Aar werfen und vertauschten sie mit Kleidern von Bäuerin und Bauer. Sie fuhren dann, zu schwach zum Gehen, auf einem Schweizerwägelchen weiter, und an nächster einsamer Stelle verbrannten sie die Sänften und verschenkten die Maulthiere an arme Leute. So gelangten sie nach Lausanne und fuhren im Schiffchen über den See nach Genf, von den selbst Unglücklichen, Vater und Mutter Savern, mit Thränen und mit der Hoffnung aufgenommen, daß ihrem guten Sohn auch seine Rettung — aber einer gewiß auf zeitlebens unglücklichen Tochter — gelingen werde. Das gerettete Paar aber war noch und blieb so furchtsam, daß sie vor jedem Kreuze schauderten und die Augen zudrückten, vor Glocken sich die Ohren zuhielten und schon darum nach der Meierei übersiedelten, weil an ihr kein Weg hin oder her, noch vorüberführte; wo kein Thurm, keine Kapelle rundum sich sehen ließ, noch ein Kreuz nur — wie aus Schonung ihrer gepeinigten Seelen — es wagte, wo im Walde zu stehen oder von einem Berge in das ihnen heilige Thal zu blicken.

Hier war kein Feiertag, kein Sonntag; sie hörten keine Glocke, als eine selige Schafglocke oder eine wie himmlische Kuhglocke. Sie lebten hier unbeneidet in wahrer treuer Liebe als bloße natürliche Menschen in Hirtenkleidern — und machten Käse. So hoch hatten sie sich sogar noch über die Katharer da draußen, über die Reinen erhoben und unter dem treuen, blauen, stillen, klaren Himmel verklärt.

Raimund, wieder leidlich bei Kräften, meldete der Mutter der geretteten Tochter, in nur ihr verständlichen Worten, nach Köln die Ursache zu größter Freude; gab den jungen glücklichen Leuten einen Schatz an Golde, der auf Lebenszeit für sie langte; sehnte sich nach dem zerstörten Beziers, wollte auch seine noch außenstehenden Gelder einziehen und reiste über Lyon, die Rhone hinab, und pilgerte, als sicherer Kreuzfahrer verkleidet, von Montpellier nach der schaudervollen Stätte der Asche seiner Gabriele und seiner Kinder.

Das ist das große allgemeine Glück, die sicher und froh machende Naturgabe, daß sich Alles, was lebt, für klug und verständig hält: die Menschen, die Männer und Weiber alle, die Blinden und Tauben, die Kinder wie die Alten, sogar Bär und Schlange, Spinne und Biene, ja, daß selbst die Irrsinnigen gar nicht wissen, daß sie nicht bei Verstande sind. Und das wußte Raimund auch nicht. Sein eigenes Schicksal, das grause Geschick der Seinen in der Fremde, der Tod seines Bruders, und die Ursache, warum er gestorben, und zuletzt der Stich mit dem Schwert in den

Sitz seines Lebens hatten ihm gleichsam die Erlaubniß erwirkt, nicht mehr bei richtigem Verstande zu sein; also Unvernünftiges — jedoch immer noch mit angeborener Rechtschaffenheit und Gewissenhaftigkeit zu thun; aber Unmögliches zu wünschen und Vergangenes mit Zukünftigem oder Gegenwärtigem zu verwechseln. Er saß ganze Nächte bei Mondenschein in den Trümmern seines Hauses, er sah sein junges Weib wieder wie sonst darin wandeln; sie vor ihm stehen bleiben, ihm die Hand auf das Haupt legen; ja, sein geheimer Geist sprach als ihre Gestalt zu ihm, und er zerschmolz in Thränen. Es war ihm einst, als wenn ein Licht in ihn falle, und da in der That sein Weib oder Mädchen der Irmengard sehr ähnlich gesehen, so war Irmengard nun sein Weib geworden oder gewesen, und sein Weib, sein zu Kohlen verbranntes Weib, war nur Irmengard; was ihn mit frohem Schauder durchzuckte und mit betrübter Sehnsucht nach dem Engel durchglühte, der den Kindern gepredigt hatte und jetzt ihm verloren war. Aber er hoffte auf ihre Wiedererscheinung und unbestimmtes Glück und Leid. Er fand in den Kohlen seiner Kinder schwarze Knöchel — er fand seines Weibes braune Hand und noch ihren Ring daran, den sie ihm zu schenken schien und den er ansteckte. Ihm war heilig und gewiß: diese Gestalt konnte nicht verloren sein! sie mußte wo sein! wer sein! sie konnte Irmengard sein, die vielleicht vorher nicht gewesen, es erst geworden, oder von den Todten herauf- oder vom Himmel herabgestiegen, als er sie zuerst gesehen und leider sie so geschmäht und gescholten! Und er konnte es nicht mehr in der verkohlten schwarzen Stadt aushalten. Aber diesen ihm tröstlichen Wahnsinn glaubte er nun, und er zog mit ihm fort.

In Marseille vernahm er von tausend Augenzeugen die

Einschiffung des Hirtenknaben St.-Etienne mit seinem Kreuzzugsheere in sieben großen Kauffahrteischiffen der beiden verdächtigen Männer, des H u g o   F e r r e u s, oder des eisernen Hugo, und des W i l h e l m   P o r c u s,[15]) welche die Kinder für Himmelsgesandte gehalten, weil sie ohne Fahr- und Kostgeld ins Gelobte Land, und so bequem, ohne einen Schritt thun zu dürfen, großmüthig sie aufgenommen. Er hörte auch, daß zwei überladene Schiffe voll Kinder bei der Insel S a n - P i e t r o, an der Spitze von Sardinien, gescheitert und untergegangen, und die See die kleinen jungen Leichen alle der Erde auf ihr grünes Ufer geschwemmt. Es ging ein Schiff nach Cagliari, welches dort ausladen und mit neuer Ladung von dort nach Genua steuern wollte, und er ließ sich auf der kleinen Insel aussetzen, wo die Bauleute eine Kirche „d e r   n e u e n   u n s c h u l d i g e n   K i n d e r"[16]) gründeten, wozu zwölf Präbenden kommen sollten. Umher lagen über die Tausend Kinder begraben. Aber in einem Gewölbe besonders lagen nur beigesetzt in steinernen Särgen einige Knaben und Mädchen, die wie vom Tode nicht berührt u n v e r w a n d e l t   f r i s c h   u n d   w u n d e r b a r   r ü h r e n d   d a l a g e n; vor Allen der prächtige Knabe S t . - E t i e n n e, an dem kein Auge sich satt sehen konnte. Ohne an einen Heiligen zu glauben, konnte Raimund sich nicht enthalten, dem vom Geiste geführten Seligen die Hände zu küssen. K a n n   e i n   W a h n   s o   s c h ö n   s e i n? Kann er solch Rührendes auf der wahren Erde, unter der wahren Sonne, wie eine Himmelserscheinung für die Sterblichen hervorbringen? fragte er sich. Er vertauschte heimlich seinen Rosenkranz mit ihm — und zum Erstaunen sprach sein Geist dazu: „Schlag' ihm doch lieber einen Zahn aus! der ist etwas Wahreres, Leibliches." Aber des himmlischen Knaben todte Mutter, die Allen für eine Heilige gegolten und jetzt gleichsam getreulich in der einfachen Kleidung einer Hirtin von der Loire neben ihm e b e n s o unverwandelt dalag, sprach jetzt sehr sanft und anschauernd: „Lasse den Todten ihr Todtes! Wir Todten sind so schon bettelarm." Und er gab ihrem Knaben seinen Rosenkranz wieder in die Hände.

Ueber alle die Trauer hatte er sein Gold und seine Schuldner vergessen.

Das Schiff holte ihn ab, und er stieg wie aus einem Traume in Genua ans Land.

Sechzehntes Capitel.
Trauer und Freude.

An der anfang- und endelosen Welt h i e ß d e r T a g, zur Erkennung und Wiedererkennung — wie ein Hirt seine Schafe zeichnet und zählt — und somit auch w a r den Menschen der Tag wirklich: der 27. August; ein sogenannter Mondtag, ja sogar „Mariä Himmelfahrt"; indeß kein Orangenbaum, kein Sperling auf dem Dache, keine Glocke, ja alle Thürme und Kirchen das Geringste davon wußten oder nur ahnten, sondern in der Sonne standen, hallten, blühten, schrien und flogen im e w i g e n L e b e n. Und der deutsche Kinderkreuzzug war „v o r g e s t e r n", den 25. August, an einem sogenannten Sabbath, in Genua eingezogen.[17])

Raimund ging mit seinem treuen Diener nach der schönen Straße B a l b i, nach dem Palast seines reichen Handelsfreundes Vivaldi, welchen er auch seinem Freunde S a v e r n zum Ort des Wiederfindens empfohlen hatte. Unterwegs sah er nur einige abgerissene blasse Kreuzzugsknaben an den Thüren betteln; auch Frauens p e r s o n e n — F r a u e n z i m m e r war zu nobel für sie gesagt. Sie sangen d e u t s c h e Lieder, die ihm hier in der Fremde vor Unglück um Brot gesungen — die Seele zerschnitten. Er schämte sich zu fragen, sie anzureden. „Hier muß was vorgegangen sein!" sprach sein leiblicher Geist.

Er ward wohl aufgenommen und prachtvoll logirt und

bewirthet, denn der Handelsfreund war ihm schuldig! Raimund frug geschwind, ob nicht sein Freund, er heiße Savern, aus Aegypten angekommen sei, wolle Gott mit einem Frauenzimmer? oder, wollte Gott nicht: allein, und ob er gleich wieder weiter gereist?

Aber er hörte ein besorgliches Nein; daß aber zwei Schiffe in Pisa dieser Tage angekommen aus dem Morgenlande. Dagegen führte ihn sein Handelsfreund in den geräumigen Hof, und in einen Schuppen mit allerhand Kisten und Tonnen. Mitten darin stand eine gichtbrüchige Karrete, die ein Spötter einen Hundestall auf vier Rädern genannt haben würde. Und wirklich lag ein Hund darin, und wie die Vögel zum Schlafen oder zum Sterben, den Schnabel unter den Flügel gesteckt, so lag er zusammengerollt, die Schnauze unter das Hinterbein. Raimund schlug die Hände zusammen, und rief: Phylax! Phylax!

Phylax richtete den Kopf in die Höhe.

Raimund streichelte ihn, und der Hund leckte ihm die Hand; aber abgehungert und elend, konnte er nicht mehr aufstehen, und man sah nur, daß er mit dem Schwanze wedeln wollte. Raimund, vor Wehmuth außer sich, sprach mit tonloser Stimme: Nun, mein Phylax, erzähle mir Alles aufrichtig; denn es ist vor deinem Tode!

Und nun ließ er den Hund sprechen, und hörte andächtig den Worten zu:

Ja, ja, mein lieber Herr Raimund, lebt wohl! Ich, ich muß nun hier in der Fremde sterben, geschieden von meiner Heerde, die ich nie mehr wiedersehe auf Erden, und im Himmel erst recht gewiß nicht, wenn Schafe nicht auferstehen. Aber wir waren doch hier Schafe und Hunde, und gute! Grüßt mir meine Frau Diane auf ewig, und unsere sieben Kinder, besonders das jüngste, den geborenen Stutz; das wird ein Hund, so gut wie ich! Ich muß mir meine Leichenrede nur selbst halten! Nun sterbt Ihr auch einmal wohl! Einmal ist genug!

Darauf bellte Phylax wirklich selbst noch einmal, aber mit allen Kräften nur schwach.

Seine Wirthsleute mit ihren Kindern, Knaben und Mädchen, umstanden ihn, und die Knaben ergriffen einen Wagbalken, den verhexten Hund zu erschlagen. Aber Raimund wehrte ihnen und sprach: O, das ist noch gar nichts! Wie prophezeieten da erst andere Menschenkinder jetzt bei uns und überall. Es ist einmal eine Wunderzeit! Uebrigens ist das Erschlagen eines Todten beinahe überflüssig, sowie die todten Juden zu taufen — denn Phylax ist todt.

Er legte ihn sich zu Füßen, schob seine vor Schwachheit nicht angerührte Speise, eine Salamiwurst, beiseite, und setzte sich selbst in den Wagen, hielt auch dem todten Wagen die Leichenrede, und sprach:

Wie es von allen alten Thronen aller alten Könige, Pharaonen und Kaiser der Erde nicht Einen mehr gibt, sondern zuletzt bis auf den letzten vermorschten sie alle zerhackt und verbrannt worden, so steht nun hier todtenmüde im Gerümpelschuppen die ebenso heilige Karrete des Nikolas, in Grund und Boden zerfahren und zerrädert, mit ihrem in Fetzen herumhängenden Baldachin. Er war auch einmal in dem „1212" gescholtenen Jahre eine flüchtige, nichtige E r s c h e i n u n g v o n H o l z gewesen, wie Sesostris' von Königen gezogenes Fuhrwerk.

Er saß darauf ganz still. Die Thränen drangen ihm in die Augen, indem er an seine liebe Irmengard dachte; aber er getraute sich nicht nach ihr zu fragen, da er sich scheute, das Erbärmlichste, ihn Erbarmendste zu hören, am liebsten noch ihren Tod. Aber seine Wirthsleute, der Mann, die Frau und die Knaben umstanden ihn, und erzählten ihm den Aufruhr in ihrer Stadt diese drei Tage her abwechselnd in den Wagen hinein. Und die bewegte Frau sprach zuerst:

Was wir diese drei Tage her ausgestanden, das kommt in unsere Chronik! Schon lange summte es aus den Alpen:

„ein unwiderstehlicher Kreuzzug kommt!" Dann war er über den Gotthard! . . . Als er in Mailand sein sollte, ward unsern Herren Angst; sie schickten Boten über Boten; denn Niemand glaubte es, und der Schrecken habe sie nur Geister, und die Geister als Kinder sehen lassen! Aber unsere Waffenröcke besetzten dennoch die Mauern, und die Landthore wurden verrammelt. Unsere Herren hatten Ursache, sich vor den Deutschen zu fürchten. Denn wir hatten es mit dem Papst gegen den Kaiser Otto gehalten, und die Rache dafür konnte zugleich durch den einen Kreuzzug mit abgethan werden, wie in Konstantinopel; denn so ein Herr hat ein Gedächtniß für Jeden, der nur ein unangenehmes Wort gesprochen oder nur eine Faust in und mit dem Schubsacke gegen ihn aufgehoben. Gott bewahre! Aber was war es? Wer kam?

Ja, Mutter, erzählte ein Knabe darein, wir liefen auf die Thürme und sahen auf der Höhe, ganz nahe über der Stadt, ein Heer Kinder, Kinder alle auf den Knien vor Freude weinend und Danklieder singend, daß sie das Meer erblickten, das uns nur ein silbernes Waschbecken ist. Unser Rath bekam da Muth, lachte und stieg selbst hinauf zur Höhe, und einige haben die Kinder befühlt und endlich geglaubt, daß es wirkliche natürliche Kinder wären, nur verhungert, zerlumpt, als wenn alle armen Deutschen ihre Bettelkinder in die Fremde gejagt.

Ja, sprach der Hausherr, so zogen sie dann mit Erlaubniß der Barmherzigkeit zum Thore hinein, füllten die Straßen und Märkte und setzten sich; denn sie konnten nicht mehr auf den Beinen stehen. Und, du lieber Gott, da ließ der Herr Petrus über sie regnen — daß sie aus guten Gründen aufstehen mußten.

Ich hätte lieber Manna über sie regnen lassen, sprach eines der Mädchen, und die Sonne über sie scheinen, so warm, so warm!

Du gutes Kind, sprach der Vater, sie an sich ziehend. Aber wir weisen Herren waren gnädig, sie in die Häuser einzuquartieren, damit sie sich einmal nach lange wieder satt äßen mit warmen Speisen. Das war vorgestern, Sonnabend, aber am andern Tage mußten sie gleich weiter ins Feld rücken, als gestern, Sonntag. Und was konnten die armen Kinder anders, als gehorchen, weinen und betteln. Sie betteln zwar n u r d e u t s c h — aber wer versteht denn nicht: L u m p e n , blasse magere Gesichter, tiefliegende Augen, und Blicke daraus, die Einem das Herz im Leibe schmelzen. Wie froh wurden da unsere guten Kinder und Weiber d u r c h G e b e n u n d d a n k e n H ö r e n ! Ganz Genua war ein „Ora pro nobis" und ein „Benedictus qui venit in nomine domini!" Aber fort mußten die Kinder! und sie fielen auf die Knie, als unsere Herren durch Herolde mit Trompeten ihnen das verkündigen lassen mußten.[18])

Und da begab sich ein Schauderhaftes, so eine Art Heiliges, schaltete die Mutter ein. Nämlich die Kinder liefen ans Meer, und wie Moses an den Felsen geschlagen, damit Wasser herauskäme, so schlugen sie mit ihrem Pilgerstabe auf das Meer, damit es verschwinden, vor ihnen zurückweichen sollte, um trocken hindurchgehen zu können. Und wahrhaftig: das Meer wälzte sich zurück! Wir hörten das unermeßliche Freudengeschrei in der ganzen Stadt bis in die Keller. Aber was war es: es war nur d i e E b b e gewesen! Und als sie bezaubert die Stunden daran gesessen, als die Flut zurückrauschte, und die Wellen ihnen die Füße bespülten, sie gehoben und fortgeschwemmt hatte, da sie wie verzweifelt, bis unter die Arme umwogt, drin sitzen geblieben und gesungen und endlich unermeßlich geweint, wie unermeßlich betrogen — o weh doch, so ein Jammergeschrei wünsch' ich mir nicht mehr zu hören! Und sie mußten sich dazu bereiten, zu Lande weiter zu ziehen in die Ferne, durch Rom, bis nach Brindisi, oder nach Pisa, wo zwei große Schiffe bereit lagen, sie nach Joppe umsonst und wohlversorgt überzuführen. — Was essen nicht schon die Kinder in einem Hause! Und wir mußten in Genua eine Hungersnoth befürchten, denn es war schon jetzt kein Bissen Brot mehr in der Stadt. Da entschlossen sich Hunderte von Kindern, nach Hause, in die Heimat, in das wahre Gelobte Land zu pilgern, mit einem neuen, ihnen aus dem Herzen gequollenen Liede: „Fahre wohl, du Friedensstadt! Wir sind Welt und Alles satt!" Da wurden nun, wie auf einem Sklavenmarkt, Knaben, besonders Hirtenknaben, auf die Meiereien um die Stadt herum gemiethet, denn ein Schaf ist überall ein Schaf und ein Mensch ein Mensch. Andere wurden von Handwerkern aufgenommen, die Kranken zur Pflege guten Leuten übergeben, die von selbst sich willig dazu erboten. Das Kinderheer war entsetzlich geschmolzen, da unzählige verhungert und umgekommen waren, krank auf dem Wege zurückgeblieben, einsam verkommen und am Heimweh gestorben. Andere schöne, feine, treuherzige Edelknaben wurden sogar in vornehmen, aber söhnelosen, ja in den höchsten Familien an Kindesstatt aufgenommen.[19]) Und so mußten denn die andern gesunden Kinder, nach dem reichlichen einen Sonntagsmittagsessen, alle wieder nothdürftig ausgeflickt und bekleidet, von unsern guten Genuesenkindern weit hinaus auf die Straße nach Pisa begleitet, wieder hinaus in die Welt auf die Eroberung des Gelobten Landes — mit neuen Pilgerhüten und Taschen voll Orangen!

Als Raimund so viel, für ihn wie nichts erfahren, da er über Irmengard nichts erfahren, sprangen die Kinder vor das Thorweg auf die Straße hinaus, wo indeß schellende Kameele gehalten, von denen schon zwei Männer abgestiegen und der eine schon in den Hof kam, der Niemand anders war als Savern.

Raimund erkannte ihn gleich, und hing noch an seinem Halse, als zwei von ihren Kameelen abgestiegene Türkinnen in das Haus geschlüpft vor dem neugierigen Volke, und in den Hof sich gleichsam retteten. Sie waren Beide in weiten gelbseidenen langen Hosen, mit Gürteln gegürtet, in gelben Pantoffeln, Beide in prächtigen Turbanen, die Stirn und den Mund mit kostbaren Tüchern verbunden, das Gesicht weiß verschleiert. Die weiten Mäntel mit viereckigen Kragen hatten sie draußen gelassen, und Raimund's Wirthsleute schienen erstaunt, als die eine Türkin den Raimund umschlang und im Schleier ihn küßte, als habe er im Morgenlande eine Freundin gehabt, die ihn aufsuche. Aber die Verschleierte weinte nicht allein vor Freuden, sondern sie lachte auch dazu. Raimund erkannte daran Gaiette und rief: Nun Gott sei gedankt! Du bist wieder da! Und meine Irmengard wird auch noch kommen.

Die Hausfrau führte die neuen weiblichen Gäste in ihre besten obern Zimmer. Raimund ließ abpacken und unter andern Sachen eine nur kleine, geschnitzte und blumenbemalte Kiste zu den Frauen hinauftragen. Dann ging er mit seinem Freunde Savern in sein eigenes Zimmer nach. Da warf er sich auf einen Divan; Savern ging vor ihm auf und ab und erzählte ihm Alles kurz, aber aus dem Kern, und sprach:

Ich bin glücklich in Aegypten, an seiner flachen weißsandigen Küste angekommen. Zu unserm Glück war der vielbeweinte Statthalter Maschemuch g e s t o r b e n , was auch im Morgenlande, ja im Gelobten Lande, in Jerusalem, Bethlehem, und darum von jeher nirgend etwas Unerhörtes gewesen, noch jetzt sein soll! Ich habe den Leichenzug mit den vielen heulenden, weinenden Weibern gehört und gesehen, und seinen Sohn gesehen, dem als Sohn, wie jedem Sohne, des Vaters Harem heilig ist, ausgenommen dem Absalon damals auf dem Dache des Palastes David. Durch Vermittelung seines aufgesuchten und gefundenen, und wohlbeschenkten und bestochenen schwarzen Haremswächters konnte ich meine a u s g e m e r z t e

Schwester desto eher für ihr doppeltes Kaufgeld, und ohne die leichte Gaiette opfern zu müssen, wiederkaufen, besonders da meine arme Schwester die ganze Zeit bei seinem Vater vor Traurigkeit, Kummer und Schmerz über ihren verlorenen, soi-disant ermordeten Gatten zum Schatten geworden, krank gelegen, und elend, blaß und mager ihm keinen Blick, kein Schnupftuch abgewonnen. Sie ward mir in meine Wohnung getreulich zurückgeführt, ja „mit Bürgschaft", die mich doch erfreute, sodaß ich dem schwarzen Gebieter dafür einen Ring zu meinem Andenken verehrte. Das Wiedersehen mit meiner erlösten Isidore war herzentzückend und seelezerreißend. Sie lag ohnmächtig in meinen Armen und doch wankend zum Umfallen, und die schwarzen Hände des Mohren hielten sie mir mitleidig.

Während dieser Verhandlung habe ich mit meinen Augen die schönen französischen Knaben und Mädchen überall in der Stadt und auf den Märkten zum Verkauf ausstehen sehen, die der christliche Seeräuber Ferreus in den fünf großen Schiffen von Marseille glücklich geraubt und davongebracht. Und ich habe mir einen, einen jungen vornehmen Knaben aus Avignon, eines Geistlichen Sohn, für deren Mutter im Hause er die darauf gelegte Haushälterinsteuer bezahlt, zu Zeugen meiner Aussage daheim losgekauft, und einen schwarzen Knaben dazu, als sachverständigen Fütterer und Führer meiner Kameele. Die andern, hier und in Bugia unverkauften, prächtigen und noch beherzten lustigen Knaben — die vor Uebermenge bis zum Preise eines fetten Schöpfes gefallen waren — sind für den Khalifen von Bagdad an Wiederverkäufer an den Küsten von Kleinasien ausgeladen worden.

Ach, aber nun kommt das Gefährliche! das auch mir Entsetzliche! Ich hatte meinem Diener und dem Mohrensklaven — den ich schändlicherweise gekauft, aber keinen Aeltern entführte — den Auftrag gegeben, uns Alle zur Fahrt nach dem Abendlande, nach Genua, auf dem nächsten dahin abgehenden Schiffe einzukaufen, ohne zu handeln; denn es griff hier nach uns Allen. Meine Schwester sehnte sich, jetzt vor Hoffnung weinend, nach Vater und Mutter, nach der Heimat am schönen Genfersee! Die Diener hatten das besorgt. — Wir steigen zu Abend ein. Die Frauen verbergen sich unten. — Früh gehe ich auf dem Verdeck umher, um von der wundervollen, unvergleichlichen gelben und grünen Morgenröthe und von der Sonne Aegyptens, der alten Jungfer mit ihrer Lampe, und Sklavin des Landes, Abschied zu nehmen — wer steht da, hinaus nach Abend gewandt? — der Goldlockenkopf! meiner Schwester angeblich ermordeter Mann! Und wer ist der Herr des Schiffes? Wie mir der fränkische Knabe ins Ohr zischelt: dort der Mann am Steuerruder, das ist der Ferreus! ... Wollen wir über Bord springen? oder soll ich ihm, wenn er sich über Bord lehnt, die Füße aufheben und ihn ins Meer stürzen?

Ich faßte mich und war gefaßt auf ein Aeußerstes; denn meine Schwester, die er elend gemacht und die ihn, als angeblich Beklagenswerthen, noch liebte, sie saß in Frieden unten. Die Lage war selten und schändlich, wie je eine von Menschen auf Erden.

Wie ich und der Goldlockenkopf gegeneinander gehend auf uns treffen, bleiben wir Beide wie angewurzelt voreinander stehen. Er legt die Hand an sein Messer im Gürtel. Ich, ich hatte mir gelobt, ihm den Kopf abzuhauen, und sei's am Altare! . . . Aber ich legte ihm meine Hand auf die Schulter; denn er sah erbarmenswerth blaß und krank aus, weil er es war, und seine Augen ruhten gelassen auf mir, so, als wenn Ich und Er Beide keine Menschen mehr wären. O Mitleid! o Unglück! Aber gar erst du, du Mitleid der Unglücklichen mit den Unglücklichen! — Er fürchtete seinen Verrath durch mich nicht mehr.

So weit hatte Savern mir erzählt, als im Nebenzimmer der Frauen ein entsetzlicher Gall g e s c h a h . Denn wirklich, es war eine Herzensthat. Wir eilen herum. — Da hat meine Schwester die kleine Kiste aufgemacht, den vom Rumpfe gehauenen Lockenkopf ihres geliebten Mannes gesehen, an den Locken herausgerissen, und hält ihn hoch, wie allen Heiligen hin. Sie zittert und bebt, ihre Zähne klappern. Und ich springe sie zu umfassen, zu halten.

Endlich lange athmend fragt sie: Wer hat das gethan?

Und ich sage ihr, wie man solche Worte nur sagen kann: Ich, ich hab' es gethan! Ich, für dich! Höre und begreife: Du hast deinen armen Mann beweint, edel! Nun beweine dafür deinen Räuber, deinen Verkäufer, und du bist nebenbei blos die Dritte oder Vierte! Das stärke dich! Wenn nicht heute, doch morgen, oder zu Jahre — wenn der Verstand und der Haß die Liebe besiegt hat. Oder, sollte dein Bruder dich nicht nach Hause holen, da er wußte: du seist, für ein liebendes treues Weib, in der Hölle eines Harems?

Sie faltete die Hände und sank zu Boden, und Gaiette biß die Zähne zusammen und stand ihr bei mit schamvoll geschlossenen Augen, aber ihre Wangen glühten, sie küßte Savern die Hände und aller Uebermuth war ihr verstoben.

Aber um auf das S c h i f f zurückzukehren, erzählte Savern weiter: Der Goldlockenkopf mußte zu Bett gebracht werden, denn er bekam d i e B l a t t e r n und lag von seiner — Frau nur durch eine Bretwand geschieden, die seine gestöhnten Worte sogar hörte, aber nicht verstand. Er lag auf Bunden mit Straußfedern und Säcken voll Datteln, womit das Schiff beladen war.

Vor seinem Tod — denn auf den Kauffahrteischiffen sind nur die alten Matrosen die verwegensten Doctoren, die mit den unsinnigsten Mitteln curiren, die sie meist bedauern — nicht zu haben, — ließ mich der Sterbende holen, sah mich weichmüthig an, übergab mir einen Beutel voll Gold und bat mich, ja, er befahl mir, den Schatz seinen armen, fast verhungernden Aeltern in Konstantinopel zu schicken, deren Wohnung, Namen und hohen Stand er mir nannte. Ihnen zu Liebe habe er alles ihm Mögliche gethan, wie blind und herzlos gegen die ganze Welt. Er segnete mich mit den erschrecklichen herzdurchdringenden Worten: **Behüte Euch Gott Euer Vaterland** — das mir und uns die Römlinge genommen — denn ein Mensch ohne Vaterland ist wie welt-vogelfrei **und zu allen Thaten fähig. Das merkt** und sagt überall. Ihr habt es erfahren, und beruhigt damit meine Frau — Eure Schwester, die Schweizerin, ja! Da wird sie mich redlich beweinen, wie zuvor ihren — ermordeten Mann. Ich habe Euch Alles gestanden — nun ist mir wohl. Viel seien Eurer Jahre (πολλα τα ετιασας) und griff sich dabei in der Todesangst in seine viel tausend Haare.

Also, was war das Leid Alles gewesen? — Kindesliebe! Kindesliebe! also gewiß zu **guten** Aeltern. Welch ein Blick in die Welt und die Herzen aller Menschen! Ich lächelte mild zum Weltgericht. Als er gestorben war, und bald darauf schon im bloßen Hemd auf sein Leichenbret gebunden lag, um ins Meer für die Fische begraben zu werden, und auf seiner prächtigen Brust die darein gestochene und mit blau und rother Farbe eingeriebene **Panagia** erschien, und der Wind seine Locken hob, fiel mir mein Schwur ein, ihm das Haupt abzuhauen — aber der Schwur erlosch in Wehmuth. Aber Porcus gab mir ein Beil in die Hand und rieth mir: nehmt Euch ein Andenken mit! **und ich nahm mir das Andenken!** ... Es geschah ganz kurz vorher, ehe Porcus angebliche Erde aus dem Gelobten Lande — auf der Ziegeninsel, der Capraja — für den großen Campo santo in Pisa betrüglich einladen ließ. Aber „**der gemachte Mann**" sagte: Ihre Todten werden schon gut daraus aufgehen; sie streuen die Erde schon gläubig auf Brot und essen sie zu Buße.

So ward denn der ältern- und vaterlandsliebende

Goldlockenkopf l e i b versenkt, den einzusegnen kein Geistlicher vorhanden war, und so erlaubte sich der alles für Scherz haltende Porcus mit einigen Seemannsflüchen ihn einzusegnen zu seiner Ruhe.

Die rührende Folge der Hauptserfindung aber war, daß Savern und seine Schwester noch Schmuck und Gold reichlich zulegten zu dem von Raimund noch strotzendvoll gefüllten Beutel, und ihn dem Hauswirth übergaben, um ihn durch ein sicheres genuesisches Haus an die Erben des Erblassers in Konstantinopel zu übermachen.

Savern hatte in Pisa, das viele hundert Kameele züchtete, sich sechs gekauft zur Landreise nach Genua. Diese theilten sie jetzt. Die Geschwister zogen mit dem Franzosenknaben nach Genf; Raimund und Gaiette aber nach Hause, Sie freute sich, als armes christliches Dienstmädchen geschieden, nun als Türkin auf einem läutenden Kameele, von einem Mohrenknaben geführt, in dem lieben Köln, unter dem Schleier lachend und weinend, doch seelenfroh einzuziehen — und jetzt sogleich ... dann den ganzen Winter und Zeit ihres Lebens vollauf zu erzählen zu haben.

Siebzehntes Capitel.
Heirathen.

Zuletzt verlieren alle Menschen Alles,
Und mit dem Balle fängt das Kind schon an,
Mit seinem Flachshaar und den ersten Zähnen.
Und grause Fragen kannst du dann an Arme
Und Reiche, Hohe, Groß' und Kleine thun,
Da an den Feldherrn, den geschlag'nen, sprich:
„Wo hast du denn dein Heer?" ... und an das Weib:
„Wo hast du deinen Mann?" ... und an die Tochter:
„Wo hast du, ach, dein Kind?" — Und also kannst du
Jedweden schwer nach Etwas fragen; denn die Welt
Verschonet Keinen mit der Wahrheit. Keinen
Verläßt sie aber auch mit Trost und Hülfe,
Soweit ihm noch zu helfen ist; und sicher
Zu Thränen doch, zu Duldung und — zum Grabe.
Und endlich hat kaum Einiges die Ehre,
Ein Märchen für den Winterherd zu werden,
Woran die ganze Welt mit Bär und Hund,
Wolf, Esel, Mönch, Hirt, Königekind und König
Dem klaren Zauberaug' der frohen Kinder
Als bunte Seifenblase nur erscheint.

Dem größern Menschen wächst die Welt stets — k l e i n e r!

Der Ritter Savern war mit seiner Schwester Isidore an einem und demselben Tage aus Vivaldi's Palast nach der Schweiz geschieden, und Raimund mit Gaiette nach dem Niederrhein. Savern hatte den französischen Edelknaben . . . Raimund den Mohrenknaben mitgenommen; Isidore den Goldlockenkopf, den ihr ein Speciale nach der Kunst einbalsamirt; Gaiette war gegangen und hatte noch einmal zum ewigen Andenken in den Wagen des Nikolas gerochen, der noch ganz nach Melonen roch, und hatte sehr hineingeweint um ihre Irmengard. Auch der stolzbegeisterte Nikolas that ihr leid, der durch immer ihm ausgesuchte Kost und frische Luft liebenswürdig gediehen. Es war ihr unbegreiflich, wo Beide geblieben? Ob eins das andere Krankgewordene in einer einsamen Hütte pflege? Ob sie vorausgeeilt? Ob sich vielleicht Beide vor Schande und Unglück das Leben genommen? Also vor Verstande! Warum Savern nicht gewarnt, ja sich nicht in des Porcus Schiffe ein- und verladen zu lassen? Nur waren sie auf einem andern, weitern Wege gekommen, als die Kreuzfahrer gezogen. Daß Raimund von der Hitze immer mehr bedrückt, fast keines vernünftigen Gedankens, kaum einer folgerechten Sorge mehr fällig war — das war nicht mehr zu leugnen. Denn einen Augenblick scheint jeder Wahnsinnige sogar verständig. Und dies ward alle Tage schlimmer mit ihm, und sie seufzte: A ch , w a s m u ß s i c h d e r M e n s c h d o c h A l l e s g e f a l l e n l a s s e n ! s e l b s t n ä r r i s c h z u w e r d e n ! . . . o d e r d e r N a r r w i e d e r k l u g . . . wie unsere Kinder, und ich selbst! — Sie betrieb die Heimreise ängstlich für ihn.

Durch die brave Lombardei, wo die Meisten in ihrem Sinn und ihrem Herzen verhüllte Katharer waren, ließ man den Zug mit den Kameelen ruhig schweigend, aber mitleidig vorüber; denn von ihnen war nicht ein einziges Kind mitgezogen, und die Kinder standen gesund und blühend, nur neugierig am Wege. Anders ward es schon in der Schweiz, von Zug, Zürich und Basel an; denn hier bemerkten sie, daß sich die Aeltern mehr um den Himmel als um ihre Kinder kümmerten. Und so ward es immer schlimmer in den Städten am Rheine zu Thal. Immer ging ihnen ein dumpfes Gerücht von Zurückkehrenden vom Kinderkreuzzuge voraus. Die Leute standen an dem Wege, die Thränen in den Augen, und wenn sie stumm vorüberreiten wollten, schrien die Weiber sie an: Nun, habt ihr kein Mitleid? Wir wissen nicht — ihr wißt; darum macht uns ruhig, und überlaßt dann uns den Trost: Alles kann ja nicht Allen geschehen! — Dann antwortete Frohmuthe vom Kameel herab, während Raimund wie versteinert auf dem seinigen sitzen blieb und sich die Welt ganz verwundert ansah. Nun, sprach sie, Alle sind nun nicht geradezu todt, verhungert, verloren, verkauft; doch wol über die Hälfte — die Hälfte aber freilich ganz! So kann noch ein Jedes von euch hoffen, gerade die Seinigen wiederzusehen.

In den Städten wurden sie im Nachtlager von den Rathsherren besucht, von den Priestern und Mönchen sogar; ja, Frohmuthe ward in das Sprechzimmer der Nonnen ins Kloster höflich eingeladen und kam meist ohne Athem um Mitternacht erst wieder, und verzweifelte, daß ihre Lunge und Zunge bis nach Köln ganz weg sein würden. Raimund aber ging unter den armen Aeltern und Müttern umher, und beschenkte die Armen, die auch keine Kinder hatten und nicht einmal zu weinen brauchten, und doch mit ihnen weinten, über die Maßen reichlich, sodaß die Verwunderung über die Welt und gute Menschen doch ein Weilchen ihre Wehmuth betäubte. Raimund aber hatte unterwegs einige Hinrichtungen getroffen, mit angesehen, und wünschte, im Gegentheil von Nero, nicht der ganzen Menschheit einen einzigen Kopf, um mit einem Schwert und mit einem Streich sie Alle zu enthaupten, sondern er beneidete die stolzen, vornehm in Sammet und Seide gekleideten Scharfrichter, weil sie die Narren und Missethäter a b t h u n durften mit Ruhm und Ehren, wie ohne Gewissen.

Auf den Kameelen mußten sie oft eine Stunde unter den Menschen halten, die alle durch Fragen sich alle Antworten selbst gleichsam ersäuften. Zuletzt kam ihnen ein S c h w a r m   M e n s c h e n bis Bonn entgegen, und unter dem Severinthor von Köln ward den Kameelen selbst bange, daß sie widerwärtig schrien. Darunter waren auch viele rohe Bursche „m i t   l a n g e n   N a s e n" gewesen, die ganz schwarz angestrichen waren. Denn von Herzlosen kann Alles verspottet werden, und sie Verspotten es, um es gleichsam in eine höhere Welt, in die der Fabeln und Märchen zu erheben — und aus Honig und Essig wird wirklich ein kühlender Balsam.

Und so that denn der alte Hausmeister Hagebald ihnen wieder das alte Hausthor auf, diesmal angelweit. Diesmal war die Frau Rath aber die Frau van Graveland. Den Bräutigam kennend, wie die meisten Bräute ja nur oberflächlich, hatte sie ihn sobald als schicklich geheirathet, als Besitzerin von eigenem großen Vermögen, und ihre an ihrer ersten Verheirathung aus Stolz und Ehrsucht schuldige Mutter, lebte nun ausgesöhnt bei den jungen Eheleuten, die Beide zusammen nur erst 72 Jahre alt und prächtige Leute waren. Nur was I r m e n g a r d, wenn sie ja wiederkäme, zu der Heirath sagen würde, besorgten sie i h r e t w e g e n; aber heimlich lächelten sie dazu. Gaiette schlief herzlich froh wieder im Bett ihres saubern Stübchens. Der Mohrenknabe war ihr Edelpage. Da sie ganz liebenswürdig und klüger und interessanter als ihre gnädige Frau geworden, so ward sie von ihr zum Gesellschaftsfräulein erhoben; aber das vornehme Leben meist nur für Spiel und Schein ansehend, brach sie bei schicklicher Gelegenheit noch oft in kurzes Gelächter aus.

Der redliche Jost kam völlig gesund mit „unsichtbar geheilter Nase", die er mit Recht seine „Märtyrerin" nannte; er brachte Frau und Kinder mit, ohne auf Raimund's Besuch zu warten, da ihm Don Ramon als **Verständiger auch des Unverstandes** vertraut hatte, daß sein redlicher Freund Raimund ein unrettbarer **Candidat des Unverstandes**, nicht der Narrheit sei, und Beide konnten ihn kaum ohne Thränen ansehen, und voll Wehmuth redeten sie gezwungen zuletzt nur wie mit Kindern mit ihm, und von Kindersachen — von Märchen, Sagen, Geistererscheinungen, **Verwandlungen** durch gute sowol wie durch böse Geister, und ihm am liebsten **vom Wiederkommen der Todten**. Da war er ganz Feuer und Flamme. Dabei war er nicht nur ganz unschädlich, sondern höchst wohlthätig, nützlich und hold wie ein Vater oder Bruder gegen Alle. Er schenkte mit reichen Händen — er ging überall umher, überall willkommen, bedankt, ja gesegnet. Auch dem liebenswürdigen menschlichen Erzbischofe schenkte er in **seine Sparbüchse** zum künftigen Bau eines Doms, seines Geistes- und Herzenskindes, alle Monate an einem gewissen **Tage** eine bedeutende Summe, wodurch er bei dem verständigen geistlichen Herrn immer freien Zutritt hatte. Er wollte es sogar einmal **bei Nacht** versuchen ... oder **des Tags drei mal**, und lächelte verschmitzt dabei, im voraus der huldreichsten Auf- und Annahme gewiß. Vivaldi hatte ihm seine Schuld mitgegeben, und auch noch einige seiner Foderungen eingetrieben und nachgesandt. In Aachen war die große Scharfrichterei verkäuflich geworden und auch die ansehnliche, hoch in Ehren stehende Stelle des Scharfrichters offen; ein Anverwandter von Raimund hatte ihn um Geld dazu gebeten, und — Raimund hatte sie gekauft und dem Vetter zur Verwaltung und Vertretung übergeben, was erlaubt und Rechtens war; ja, er war selbst mit nach Aachen gezogen mit seinem getreuen Diener, hatte den Vetter gesehen starken Kälbern, ja wolligen Stähren die Köpfe auf einen Hieb, ohne Unterlage in freier Luft, vom Rumpf abhauen, und hatte es — zum Scherz — selbst versucht und prächtig gekonnt. Auch in seinem Wahnsinne machte er Fortschritte; er hatte, als immer aufmerksam, schon einige Töchter gefunden, die ihren Müttern, wie man sagt „lächerlich" ähnlich sahen; nur den Unterschied der Frischheit **ab**gerechnet oder **dazu**. Nur begriff er nicht, wie sie Beide zu gleicher Zeit nun da wären? bis er die Mutter für die Tochter Chrysalide hielt, und den Doctor fragte, ob man auch **Wiedergekommene**, z. B. **Weiber**, als doch im Grunde **dieselben**, noch ein mal heirathen dürfe? **Laß sie nur erst wiederkommen!** Das Weitere wird sich schon machen; hatte ihm der Doctor, in Kummer um ihn, gesagt, und ihm **zur Ruhe** nur gewünscht, daß sein Wahn **Gestalt** annehme und ihm **freundliches** Leben werde! Wie er wegen der frommen Gaben, stand auch Don Ramon für die glücklich hergestellten Augen in so großer Gunst bei dem Erzbischof, daß er ihm eine Freibitte im voraus zugestanden. Auch van Graveland, der den schönen Greis prächtig in ein großes Altarbild des heiligen Antonius gemalt, in dem er vor demselben in vollem Ornate kniet, und dadurch selbst kirchen- und altarfähig worden, war wohl angesehen von dem dankbaren Kirchenfürsten, der manches bewundernde „Hm!" vor dem nun auch wie heiligen Bilde aus der Seele herauf zur Welt gebracht. Das ganze Haus stand in Achtung und Ehren, und die nach Rom gelieferte Tochter war vergessen, und auch von Rom aus war in dem großen Wirrwarr daselbst keine Nachfrage nach ihr und nach ihrem mit dem Kirchenstempel zum Ungeheuer gestempelten redlichen Seelenfreunde. Sr. Gnaden der Erzbischof hatte eine große Todtenmesse für die Kreuzzugskinder befohlen, und Jost hatte dabei sich nur ausbedungen, daß sie ganz unverfänglich für Diejenigen sein sollte, welche lebendig zurückkehrten. Denn er hatte gestern in der Abenddämmerung drei Knaben getroffen, die sich zum Abschied von der Reise die Hände gegeben und in die Thüren dreier Nachbarhäuser geschlichen, worauf darin unermeßlich frohes Geschrei geworden, und in den plötzlich erleuchteten Zimmern die Umarmungen der Aeltern und Kinder gesehen und mit geweint.

Und so kamen denn in den nächsten Wochen viel Kinder, mehr Knaben als Mädchen zurück. Zuerst die, welche auf dem Hinwege schon erkrankt waren; dann die mit rüstigen Beinen, welche bis in die Lombardei gedrungen, aber dort die arabischen Pocken bekommen und ganz entstellt waren, sodaß ihre Aeltern sie nicht erkannten, nicht für die Ihren annehmen wollten und klagten: A c h , w o i s t m e i n s c h m u c k e s G r e t e l h i n ! . . .

. . . Mein Annelchen, bist du es denn? . . .

. . . Ach, mein Magdelchen, das bist du gewiß nicht! sprich: auf welchem Auge bin ich blind? . . . Wie heißt unser Hund? . . . Unsere Katze? . . . Wie viel hast du Geschwister? . . . Wie lange ist der Vater todt?

. . . Nun Pelz, hast du Aermel, so rede! sprach ein Vater in einem andern Hause zu seinem Pantaleon; Kerl, du bist ja ein Riese geworden!

Ihr Trudelchen fragten andere Geschwister: Nun, bist du denn nicht bis ins Gelobte Land gekommen? Aber da sie im Meere bei Genua mit in der Ebbe gesessen, antwortete sie treuherzig: Nur bis ins Gelobte Wasser.

Und nun ward aufgetragen, was jede Mutter nur irgend Gutes hatte, geweint und gelacht, Gott gedankt, zu Bett gegangen — und die Nacht nicht geschlafen. Das ganze Heer der deutschen Knaben und Mädchen hatte sich aufgelöst, die Hälfte der letztern waren in Pisa in zwei Schiffe verschwunden.[20] Die Trotzigsten aber auf dem Wege nach Rom fortgezogen, ja, von einem gewissen Brindisi[21] aus hatten sie erst noch ihren Kopf aufsetzen wollen. Die in das Land Heimgekehrten wurden überall verspottet und verlacht; ja, vor Scham waren sie womöglich nur die Nacht, so barfuß, abgehungert, abgerissen gewandert, und hatten nur stumm sich vor die Thüren gestellt, aber keine Hand ausgestreckt, noch ein Wort gesagt, nur zur Erde gesehen, daß es nicht hätte „gebettelt" heißen sollen. Die mitgezogenen Weibspersonen und junge Dienstmädchen aber schlichen vor Scham nur im Dunkeln in der Stadt und verbargen sich bei armen barmherzigen Bekannten oder den Barmherzigen Schwestern selbst; denn bei Einigen hatte man Kindchen aus ihren Armen, unter dem über den Kopf gedeckten Mantel schreien gehört.[22] „Aber Alles lagert sich zuletzt wieder, selbst ein Erdbeben, und ein wüthend übergeschwollener Strom tritt zurück und fließt, auf sein Maß gebracht, wieder in seinem gewöhnlichen Bette — wie ein sogenanntes unschuldiges Kind. **Das kennt man schon!**"

So sprachen die vernünftigen, immer gutmüthigen Kölner bei ihrem Glase Wein, der dies Jahr wie aus Vorsehung zur Beruhigung sehr lobenswerth gerathen.

Achtzehntes Capitel.

Und so war denn wieder die Weihnacht still herbeigekommen, die erste der s o g a r Z w ö l f Heiligen Nächte dereinst des Volkes hier zu Lande. Es war schon Abenddunkel. Die Essen rauchten; die Gassen rochen; heimlich ward verdeckt eine Bescherung aus einem Hause ins andere getragen; als weiße Engel gekleidete unerklärliche Christkinder mit feinen Glocken in der Hand und einer Krone auf und goldenen Flügeln an den Achseln huschten und schwebten umher, und Knecht Ruprechte mit Ruthen in der Hand traten in die Häuser, wo die Kinder und die Aeltern um die Weihnachtsbäume mit brennenden Kerzen und goldenen Sternen und silbernen Nüssen standen, und noch auf ein Unaussprechliches zu warten schienen; und arme Kinder standen draußen an den erleuchteten Fenstern, deren Glanz und Schein weit weg auf die Straße fiel. Zu manchen Fenstern hinein sah man auch in den schweigenden Stuben weinen — denn zu Weihnachten kommt doch Jeder gern nach Hause — w e n n e r k a n n, um sich selbst den Seinen zu bescheren. Da sitzen sie wieder mit den Ihrigen, wenn auch als Aeltern nun alt, oder als Kinder nun groß, wieder in der ewigen Jugendzeit. Da sitzen sie! erzählen sich aus, essen was Gutes, die Ihren vor Augen und von ihnen freundlich angeschaut, ohne Ahnung eines möglichen Endes.

So war auch Herr Raimund herübergekommen ins Vaterhaus und freute sich doch über den prangenden

Weihnachtsbaum, mit Geschenken behangen für Jeden, auch für die Frau Jost eine goldene Kette und für ihre Kinder wirkliche goldene Nüsse und silberne kleine Messer und Gabeln und Löffel. Raimund redete aber mit dem grünen Bäumchen wie mit einem grünen stacheligen Geiste aus dem Walde, hatte die Spitze eines Zweigs sich auf die innere flache Linke gelegt, streichelte ihn mit der Rechten zärtlich und sagte ihm zum Troste: Habe nur Geduld, mein Bäumchen! Du weißt, du warst sonst ein anderes; so habe die Hoffnung, wieder erlöst, etwas Anderes zu werden. Die Birke ist besser daran — die ist die Maie gewesen und die Maie geblieben.

Dann stand er still, wie nicht da, in Sehnsucht versunken nach seinem gestorbenen Weibe Gabriele.

Aus der Schweiz war für den Abend ein Schreiben an die Mutter von der Tochter eingegangen, und, darin lag ein Brief mit den rührenden Worten:

„Herzliche Großmama! Ich melde dir, daß ich glücklich auf die Welt gekommen! in aller Unschuld ohne Sünde. Ich habe mir ein Schwesterchen mitgebracht, eine kleine, kleine Eva! so heißt sie. Sie schickt dir ein Alpenveilchen! Mehr haben wir nicht. Habe uns lieb!

Dein kleiner lieber Adam."

Sie las mit reinem Muttergefühl, und das duftende, langstielige stille Veilchen erzählte Allen mehr von unaussprechlichem reinem Menschenglück. Dem so unglücklich gewordenen Raimund war weinender Dank gesagt, und sie ging und küßte ihm sein Haupt.

Jetzt brachen die Glocken auf den Thürmen mit himmlischen Freuden aus und bedeckten die Stadt mit wallendem Wohllaut. Die vielen Christkinder flatterten nach den Kirchen und haschten und neckten sich; Niemand wunderte sich über so viele dergleichen, da ja doch nur Eins wäre, und nur Ein Ruprecht, die jetzt auf den Gassen einander die Rücken mit den Ruthen zerdraschen. Die

Kinder eilten in die Kirchen mit Hirtenhäuschen, Weltkugeln, Pyramiden, Schlangen und Kerzen. Dort zogen andere aufgeputzte Esel an den Krippen mit dem Jesulein und seiner Mutter in den erleuchteten Altären, wo das ferne Himmlische in treuherziger Unschuld den Menschen nahegebracht und sichtbar und greifbar war, und die vielen Scharen Hirten vertheilten sich in die Kirchspiele, wo sie das „Quem pastores" sangen, und selbst ihre Hündchen waren in der heiligen Stunde nicht unheilig, sondern fröhliche Zeugen einst lieblicher Wahrheit auf Erden — wie geschrieben stand, und sie freueten sich, es nun darzustellen, ja, es im Geiste zu sein. Und wie zitternd vor Freude erdröhnte der Tremulant in den Orgeln, daß die Gewölbe bebten, und die Posaunenstöße waren Engelsathemklang.

* *
*

Da war es, als ob Jemand von draußen mit dem Kopfe gegen die Thür stoße. Raimund that sie auf, einen Leuchter in der Hand Da sprang eine Gestalt wie draußen von einem Ungeheuer verfolgt auf die Schwelle, und da stand sie wieder erschrocken wie vor der himmlischen Heimlichkeit darin. Raimund aber ließ vor Erstaunen und Entzücken den Leuchter fallen. Er hatte die schlank aufgeschossene Gestalt gesehen: ein weißes Tuch um den Kopf; ihr Gesicht hager und todtenblaß; die Augen glanzlos und doch rollend; die Arme ausgestreckt und zitternd, und es ging ihm wie dem Sänger, der das Lied gesungen:

>Dich w i e d e r sehen ... wieder dich s e h e n nur
>Im Thale wandeln, auf Bergen steh'n,
>Nachts auf dem Vollmond, von der Sonne
>Nieder mir lächeln — da kniet' ich beten!
>
>Dich wiederfi n d e n, leuchtend im Sternensaal,
> Dich an die Brust mir drücken —da stürb' ich gleich!
>Und was im Himmel nie geschaut ward:

Engel bewundern da einen Todten!

Das junge Weib neigte sich vor, als würde sie zu Boden stürzen; er ergriff, er umschlang sie, drückte, sie fest an die Brust, und rief nur: Mein Weib! Meine Gabriele! O, darfst du kommen — und kommst zu deinem armen Freund!

Irmengard war so geistermäßig verwandelt, daß er eher sein erstandenes Weib in ihr sah, als die Mutter ihre Tochter. Den glücklichen Raimund hatte, statt des plötzlichen Todes, nur ein plötzlicher Schlaf befallen, und sie trugen ihn in den Großvaterstuhl, worin er wie im Himmel saß. Irmengard aber war ohnmächtig, und sie mußten ihr Luft machen um die Brust, wobei der Doctor einen Schreck vor Vater und Mutter verbarg.

* *
*

Am Morgen ließ sich Raimund erkundigen, ob seine Gabriele noch da sei, wirklich, oder ob er geträumt? Van Graveland besuchte bei Gaiette mit der Mutter und dem Arzt seine arme Tochter, die ihnen auf eine Pergamenttafel schrieb, daß sie schon s e i t e i n e r g e w i s s e n Z e i t sprachlos sei. Der Doctor sagte dem Maler etwas ins Ohr — der Vater erröthete über und über und fragte dann heilig erzürnt, doch im heiligsten Ernste gelassen, die unglückliche Tochter: Wo hast du dein Kind?

Darüber faltete sie die Hände, brach in Thränen aus und schrieb auf die Tafel: Vor Angst und Jammer, und Lieb' und Leid, und Scham und Schande — an meiner Brust n u r e r d r ü c k t, es liegt in mein Brusttuch gewindelt in der hohlen Eiche im Dorfe, wo der alte blinde Mann wohnt, der mich aufgenommen, als ich nicht weiter konnte!

Der Vater las das, die Mutter las es und sie versteinerten.

* *
*

Irmengard saß des Tags über still, gewöhnlich die gefalteten

Hände im Schoos, in einfachen, weißen, ihr hingelegten Kleidern, gepflegt von Gaiette. Raimund besuchte sie schüchtern alle Morgen, und hatte im Stillen seine Freude an der Stillen. Der Mutter hatte sie auf ihre Fragen geschrieben: sie wäre mit Nikolas gleich aus dem Elend in Genua auf ein Schiffchen im Hafen geflohen, und sie hätten nach Ostia gewollt, um sich in Rom ihr Vergehen vergeben zu lassen; aber Stürme hätten sie wieder zurück ans Land gedrückt. Darauf wären sie Beide einsam zurückgekehrt; aber nicht eben weit von hier habe eine rachsüchtige Gemeinde sie ausgehöhnt und ihn eingesperrt. Da sitz' er wol noch.

Sie lächelte nur vor sich hin, daß man sie wegen des todten Kindes einkerkern, ja richten könne . . . nur die vielen unglücklichen verwaisten Aeltern begehrten ein sichtbares Opfer. Sie sei von dem Nikolas wie bezaubert gewesen . . . von seiner Gewalt, von seinem Ansehen wie eines Heiligen, daß ihn das ganze Land und die Priester selbst in den Kirchen geehrt. Sie wollte nicht fliehen, und Raimund begriff nicht, wie man seiner G a b r i e l e ein Haar krümmen würde, oder . . . könne; obwol ihm Don Ramon vorstellte: wie rheinauf, rheinab und im ganzen deutschen Lande viel, viel Hexen verbrannt worden . . . und würden, u n d   e i n   v o n   d e n   T o d t e n   w i e d e r g e k o m m e n e s   W e i b wäre ihnen noch viel, viel abscheulicher und verdammlicher, weil es nur durch Teufels Macht und Willen heraufgefahren sein könnte. Ja, noch nicht zu lange her haben die nachtwachenden betenden Priester einen im Sarge erwachten, sich aufrichtenden wimmernden Papst mit Fauststößen vor die Brust wieder zurückgedrängt in das Todtenreich, und vor Angst und Schrecken dazu gebrüllt: W a s   w i l l s t   d u   w i e d e r   u n t e r   d e n   L e b e n d i g e n.[23])

Das sagte er ihm nur; denn das Volk wußte von seinem ihn seligmachenden Glauben nichts. Ja, ihre Mutter und ihr

Vater hatten nichts dagegen, ihm die bewiesenermaßen verheirathbare Tochter zum Weibe zu geben, um da wo in der Fremde in aller Stille und Ehrbarkeit zu leben. Und van Graveland erzählte der Mutter und dem Arzt zum Beispiel und Vorbild die kleine Geschichte: Einem niederländischen berühmten Maler stirbt seine Frau, Margarethe geheißen. Er lebt zwar, aber er geht nur noch so verloren in Gram und Träumen auf der Welt. Da erblickt er eine Jungfrau, die seinem gestorbenen Weibe an Gestalt und Stimme und ganzem holden Wesen so ähnlich ist, wie es sich selten trifft, daß Zwei etwa im Abenddämmer, ja in vergoldendem Sonnenglanz sich ähnlich sehen. — Und ein Liebender ist immer wie geblendet von seinem eigenen Lichte. — Seine Liebe ergreift sie. Sie liebt den v o n i h r b e g e i s t e r t e n Mann. Sie wird sein Weib. Er sagt ihr Tag und Nacht, daß er seine selige M a r g a r e t h e wieder habe durch Gnade des Himmels. Und in Wahrheit haben alle Weiber sehr viel allgemein Aehnliches, allen Zukommendes. Des streng Unterscheidenden einer Einzigen ist wenig, des ganz Ausschließlichen nichts; nicht einmal ein Buckel, ja zwei. M a r g a r e t h e nennt er sie; so kleidet er sie. Sie trägt von jener den Schmuck. Sie schläft in demselben Bett . . . und die gute, bezauberte, willige Seele ist mit äußerster Hingebung seine Margarethe — da sie auch, ihren Namen gewohnt, so hieß —, sie ist's bis zur Herzens- und Verstandesverwirrung. Und so haben die Beiden ein noch nicht oder selten so dagewesenes, heiteres, stilles, ja seliges Leben gelebt. Denn welcher Mann würde seinem noch ein mal vom Tode erstandenen Weibe nicht freudig alles Erdenkliche zu Liebe thun! — So k a n n es, so w i r d es hier werden und sein. Irmengard wird den Hirtenknaben vergessen, als nur eine Gestalt aus dem jetzt verlachten Kreuztraum. Denn höre mich, Doctor. Wenn ich heimgekehrte Kinder frage: Wo habt ihr denn eigentlich hingewollt? Was habt ihr gedacht, ihr Rasenden? Was hat euch wie Mehlthau befallen, die ihr

Väter und Mütter in hundert Städten und tausend Weilern und Dörfern unglücklich gemacht? — Da stehen die Kinder, oder sitzen wie aus den Wolken gefallene große Frösche, wie aufgewachte Nachtwandler, plötzlich nüchtern, dumm und dottend da, kratzen sich hinter den Ohren und sprechen: Wir w i s s e n e s n i c h t! wenn Ihr es nicht wißt. — Und der Doctor sagte: Das war die Krankheit! und die hat sich gebrochen! und kommt nicht wieder, wie Nichts in der Welt so jemals wiederkommt.

*   *

*

Als aber Irmengard, der Meinung des Volks zum Opfer, bei Nacht in denselben Kerker geführt worden, worin ihre Schwester gesessen, und ihre Enthauptung abzusehen war, zu welchem Urtheil ein kleines herbeigebrachtes Kästchen den Ausschlag gegeben, und keiner Erklärung, keines Geständnisses weiter zu bedürfen schien; da begab sich ihr Vater, wie schon oft, der Doctor und selbst der unglückliche Raimund in den Palast zu ihrem Freunde, den weisen Narren Jost, um einen letzten Rath zu halten, Raimund lachte im Bauche recht innerlich, daß i h m doch Niemand d i e w a h r e N a t u r seiner „wiedergekommenen Frau" beweisen könne, und i h r gar nicht — und sie könne ja wol aus den Erdennarrenspossen von dem Block weg wieder verschwinden. Aber er wollte sie doch lieber behalten, sie retten, als einmal so glücklich, sie wieder zu haben! — Und so war das Ende des Raths, daß der kundige Jost seinem erst jetzt recht theuern Jugendfreunde eine Schrift auf Pergament gab, die er fleißig und gründlich einsehen und sich tapfer zunutze machen sollte! Es waren die schweren P fl i c h t e n und großen R e c h t e eines hochbetrauten Scharfrichters, nach altem Gebrauch und unbestrittener Geltung. — Einen Cardinal haben wir hier nicht zum Begegnen, sagte ihm Jost bei der Aushändigung; denn welchem zum Tode geführten armen Sünder, generis masculini oder feminini, ein solcher

Rothmantel begegnet — was zu Zeiten theuer bezahlt wird, soll oder muß — Den oder Diese hat er das Recht zu begnadigen. Ein Paragraph in der Urkunde aber war vor allen mit einer eingebrochenen Ecke des Blatts bezeichnet. Und der, wie meist alle Halb- oder Ganzwahnsinnigen, höchst schlaue Raimund — dem überdies sein voriger großer Verstand auch noch im Unverstande zustatten kam — begriff sogleich **seine Stellung**, als eine solche hohe Person **selbst**, in die ihn seine Güte für einen armen Vetter gebracht. Und der alte Elias war aus Gram über seinen Enkel Nikolas — wie man ihm berichtete — „**auf einmal**" gestorben. Und Raimund sprach vor Freuden darüber im Leibe vergnügt dazu: **Auf ein mal!** Das gönn' ich dem armen braven Scharfrichter von Herzen! Denn wäre er auf **ein paar mal** gestorben, so wochenweise, stückweise — da sollte er mir leid gethan haben. So auf ein mal sterben, ganz und ganz und gar, ist noch die vernünftigste Art! Sonst taugte es gar nichts!

Neunzehntes Capitel.

An dem endlich angebrochenen Ehrentage der öffentlichen Gerechtigkeit, gerade ein Jahr nach dem Kinderauszuge, schien eine helle freundliche Sonne über das liebe, schöne, fruchtbare, lustige Rheinland, und die Lerchen sangen wieder in der blendenden Bläue des Himmels unsichtbar verborgen, fröhlich über den auf dem Hügel bereitstehenden Block und den Pfahl mit dem Rade.

Die dem Himmel in sonderbarer Erdensündertracht Heimzusendende stand von tröstenden Geistlichen umgeben schon dabei. Eine immer, selbst bei jeder Feuersbrunst, jedem Deichbruch schaulustige Menge, diesmal vielmehr Männer, Jünglinge und heimgekehrte Kreuzfahrtknaben, als Weiber und Jungfrauen, harrten gleichsam, ihre Herzogin „abthun" zu sehen. Selbst der gute Erzbischof hielt in seinem Galawagen, seinen Beichtvater neben sich, galonnirte Diener hinter sich, und seinen allbeliebten und sogar seinen Herrn in der Noth schützenden Jost in der Staatsnarrenkappe vorn auf dem hohen Bocke neben dem Kutscher, der seine vor fauler Zeit übermüthigen sechs Schimmelhengste kaum bändigen konnte. Und der Erzbischof war gekommen zur Unterdrückung aller Art Ausbruchs des Volks durch seine bloße Autorität; wie alle kleinen Vögel schweigen, und selbst die Katzen sich verkriechen, als gäb' es gar keine, wenn ein Adler oben über allen schwebt, und selbst sein Schatten in den Gehöften unten macht, daß die Hühner gackern.

Da kam auf prachtvollem und prachtvoll gezäumtem höllenschwarzen Rosse der Schauspieler des Tags, Don Raimund, in seiner edelmanngleichen Amtstracht dahergebraust, in schwarzem Sammetkleid, kostbarem, weißen brabanter Spitzenkoller, die goldene schwere Amtskette um den Hals, daran das Wappen der freien Reichs- und Hansestadt blitzte, ein Ritterbarett auf dem Kopfe, und wie eine finstere Wolke im Gesicht; v o r ihm — natürlich — ein Vorreiter; hinter ihm seine Diener; einer mit einem mannshohen blitzblanken Mauerschwert mit silbernem Griff, das er kaum aufrechthalten konnte; ein zweiter mit dem nagelneuen funkelnden Beil, und noch zwei niedern Dienern, genannt Knechten, zum Flechten auf das Rad, und mit dem Blutbesen — Alle in Masken, auch der Meister in der finstern Maske, als ob Menschen zu solchen Werken ihr Menschenangesicht nicht dürften leuchten lassen. Er stieg mit würdiger Haltung ab, verneigte sich gegen den Erzbischof, eigentlich gegen den Narren, seinen Freund, dann gegen das Volk, als für welches und in dessen Namen Alles geschehe; ließ sich das ungeheuere Schwert reichen; mit dem wandelte er drei mal um die Niedergekniete; ließ sie das Haupt auf den Block legen, dann kniete er nieder. Auf einmal sprang er begeistert auf, warf das Schwert von sich hoch in die Luft, sprang auf den Block, als auf seine Kanzel, und rief laut über das Volk die wie ein gewaltiger Bann schallenden Worte aus:

„Kraft meines uralten Rechts und unverkümmerten Gebrauchs schenke ich diesem Weibe das Leben, und dadurch, d a ß i c h s i e z u m e i n e m W e i b e n e h m e, und sie hiermit von diesem Augenblick an für meine wahre, l e i b l i c h e u n d g e i s t i g e Ehefrau erkläre, vor Gott und Menschen. So wahr mir Gott helfe, der es sieht, und die Menschen es dulden und loben müssen, die es sehen."

Darauf erhob er sie von den Knien, hob sie zu sich auf und drückte die wie Todte an sein Herz und flüsterte ihr ein geheimes Wort zu, ließ ihr seinen schwarzen Sammetmantel umwerfen, behielt sie an der Hand, warf seine Maske ab, rief noch zum Volk als zu seinen Zeugen, daß er seine Richterei seinem Vetter schenke, nachdem er sein einziges erstes und letztes Werk verhoffe zu des christlichen Gottes Billigung und zur Freude selbst der christlichen Menschen vollbracht zu haben.

„Die Heirath vom Blocke weg" war also die von Jost in das Pergamentblatt eingekniffene Rettung gewesen. Und noch hob der beglückte Bräutigam ein weißes, großes documentartiges Papier in die Höhe und erklärte dabei: das ist der priesterliche Consens zu meiner Heirath. Denn ein Dispens war gar nicht nöthig, da mein Weib keine Blutsverwandte von mir gewesen. Und so lade ich Alle, Alle, die meine Gäste sein zu wollen mich beehren, zu heute Mittag und Abend bis zum Morgensterne zu meiner Hochzeit gebührend ein, und bitte: ihr Kommen mir durch ein lautes „Ja! Ja!", gewißlich nicht „Nein" zu bekunden.

Da brach erst freilich ungeheuere Zustimmung vor Freuden auf einen gewiß furchtbaren Schmauß aus, wobei Masken allen Rang und Stand aufhoben. Und da die vom Tode, als sonderbarem Schwiegervater Erheirathete immer noch und noch mit gebücktem Haupte stand, riefen ihr Hunderte zu: Auf! auf! Nimm ihn, wenn du klug bist! Und merke wohl: du mußt! Denn kein Verurtheilter darf sich den Tod ertrotzen. Also fort! fort! Zu Bett, zu Bett!

So riefen die Gutschnabel. Andere Klugschnabel aber sagten sich leise: Das ist eine schlau abgekartete Sache! Sie haben um das Ding lange gewußt! Deswegen haben ihre Aeltern vor ihrer Trauung gebeichtet, sich von ihrem — jetzt als Braut dastehenden Fehltritt — absolviren lassen, und vor den Kirchthüren bei schrecklichem Regenwetter, wo Niemand in die Kirche geht, noch kniend gebückt und ihn noch dazu im Schleier abgebüßt — weil sonst „die junge Frau" da eine Blutsverwandte von ihrem jungen Manne gewesen, was Gott nur nothgedrungen nur Adam's Kindern und Enkeln hat durch die Finger sehen müssen, und zwischen Gottes Fingern ist eine breite Oeffnung zur Durchsicht.

Aber seht auch, sprachen andere scharfe Richter, seht, so gut auch sind die Weiber: sie geben erst **die Treue** um ein Kind **vom Geliebten**, und dann gibt eine Mutter sogar ihre Ehre **um das Kind!** So etwas ist sogar im Paradiese nicht geschehen und **wir Menschen fangen an viel besser zu werden**. Doch wir werden die Welt und die Weiber nicht ändern; denn Sünde muß sein, wie wäre da sonst das süße Vergeben! — Jetzt heißt es für uns: Heida zur Hochzeit! Und denkt euch geschwind was aus! ... und bring' ihn ja Einer darauf, daß er uns läßt um Dukaten spielen! nämlich nur also: **er** langt sie heraus und setzt sie — und **wir** würfeln darum und stecken sie ein!

Raimund aber führte vom Tödten, also wie selbst vom Tode erlöst, seine Frau heim in die schon heimlich immer mit Pracht geschmückte Lindenburg, wo die Aeltern ihr Kind in die Arme schlossen — **was er nicht recht begriff** — anders als neue junge Frau Schwägerin — und wo Gaiette sich auch einen so reichen, braven, ja stattlich schönen Mann wünschte, und wenn er sogar auch glaube: **sie sei Eva!** Nur eins war ihr nicht recht, und sie verzog das Gesicht dabei und lachte nur spöttisch. Als Raimund dem Gebrauche gemäß mit seinem Weibe in die herzliebe Brautkammer geführt worden, da legte er in das breit aufgedeckte, zweispännige Bett das mannsgroße Schwert die Länge nach mitten hinein, zur ehernen heiligen Scheidewand zwischen sich und ihr.[24]) — Gaiette bestaunte das und lispelte: Ich **Unschuldige** würde mir aber doch im Finstern einmal einen Kuß über die Grenze paschen, oder die Lippen des Mannes darüber paschen lassen, ihn ertappen und schwere Strafe bezahlen lassen!

Und selbst Don Ramon, der von Allen als reinen treuen Herzens der Gerührteste war, mußte lächeln, und schlug ihr mit Jostens Pritsche leicht auf den Mund, und einmal in Aufregung, faßte ihn das lose Mädchen und küßte ihn tüchtig ab zu allem Dank.

Zwanzigstes Capitel.

Bittere Erfahrungen und Hoffnungslosigkeit verleiden den Besten sogar auch die Heimat. Das trieb sie zur Auswanderung. Sie beschlossen in einem Familienrathe: den Palast in der Stadt und ihr Landgut mit schöner Burg und prächtigem Garten und See zu verkaufen und in die Fremde zu ziehen. Und da lockte die Mutter denn die Schweiz mit ihrer Tochter und den beiden lieben kleinen Enkeln. Gaietten lockte der junge Ritter Savern; die um ihre Einwilligung befragte **Irmengard-Gabriele** schrieb ein großes Ja! auf die Tafel und küßte sie. Die wiederbeginnenden grausamen Judenverfolgungen, selbst in Amsterdam und in ganz Holland und Brabant, ließen auch Don Ramon die Auswanderung aus dem scheinbar genug bestraften Land gar heilsam erscheinen. Denn es ist nirgend stiller als auf einem verlassenen Schlachtfelde. Selbst der Mohrenknabe freute sich — obgleich stark sich irrend, und Eisgletscherhauch und ewigen Schnee in der Luft nicht kennend — auf ein wärmeres Land. Nur der alte Hausmeister Hagebald war betrübt, und ging, um nichts mehr als wahr und vorhanden anzusehen, mit halbgeschlossenen Augen umher, oder sang in den leeren Sälen, ja unten in den Kellergewölben, wenn er nach Wein ging, herzbrechende Kranken- und Sterbelieder wie mit Geisterstimme, und er zerschlug vor Unmuth mit Willen die Flaschen in der Hand, wenn Gaiette zu ihm in den Kellerhals hinunterlachte, und nur den stark und prächtig hinaufduftenden Wein bedauerte und rief: ein treuer „Hund" verläßt mit den Menschen das Haus; die Katze nur bleibt getreu bei den Mäusen. Dann sprach sie ihm Muth ein, streichelte ihm die Backen und wischte ihm die Thränen aus den Augen. Und er lachte wieder.

Sie meldeten ihr Kommen für immer an den Genfersee, damit die Ihren dort Alles ihnen schmuck, bequem, übergenüglich, reich und kurz allerliebst herrichteten. „Alles in der Welt — nur keine Ersparniß!" Die besten Sachen, künstlichen Geräthe und Bilder gingen schon immer zu Rheinkähnen hinauf voraus bis Basel. Sonst Alles, Bewegliches und Unbewegliches, war, wie u m es leichter zu vergessen und es gern in Anderer Besitz zu wissen, an „edle" Häuser verkauft. Raimund's Glaube an seine Gabriele bestand die Probe auch dadurch, daß er seiner Nichte... oder doch seiner Frau Schwägerin Tochter Irmengard eine Todtenmesse stiftete und ein sehr großes Vermögen dazu vermachte — das durch Jostens Vermittelung für die Zukunft verstanden und in der Gegenwart gnädig angenommen ward.

Das war wahnsinnig von ihm — aber Er war wahnsinnig. Und so war es sogar ganz natürlich, und bei ihm und von ihm ganz gut.

Auch unterwegs trafen sie, als sie in Worms Ruhetage hielten und dabei auf das nächste Dorf hinausgingen, auf den zu einem schmucken jungen Hirten aufgeschossenen Hirtenknaben Nikolas, der auf einem Hügel saß und Schalmei blies für seine Heerde. Aber die Lieder befielen mit Wehmuth die Fremden, die den Hügel erstiegen — denn es waren seine Lieder, die er um die Lindenburg geblasen. Irmengard hatte sich schon ferner in den Schatten niedergesetzt. Raimund erkannte oben den versunkenen armen Herzog — blieb aber stumm, wie die rothgewordene Gaiette, die Frau Rath Irmentrud, ihr Mann, jetzt van Graveland, und Don Ramon. Dem Nikolas blieb auch der

Athem in der Brust stocken; aber er mußte aufstehen. Raimund gab ihm eine Hand, bedauerte ihn, ließ sich sein kleines Beutelchen reichen, schenkte es ihm voll von Gold — und rieth ihm: ja in die Schweiz — in das Paradies der Hirten und Kühe, Ziegen und Schafe zu kommen, und ja ihn zu besuchen! Er begleitete sie den Hügel hinab in Schweigen. Irmengard stand von ihrem Felsstück auf, und auch s e i n e G a b r i e l e mußte dem Nikolas eine Hand geben, wobei sie aber zitternd und so zu sagen noch todtenblaß und starr dabei zur Erde sah. Dann ging er weinend wieder den Hügel hinauf und blies ihnen alte Lieder auf seiner Schalmei nach. Und Don Ramon sprach vor Allen laut: Er sieht aus wie aus einem Narrenhause entsprungen, und Schalmei bläst er zum Gotterbarmen!

Das glaub' ich! meinte Gaiette. Sein Hund heißt wieder Phylax! Aber das ist alles umsonst! Alte Zeiten stehen nicht auf!

Bei Nacht aus dem letzten Orte abgereist, kamen sie am prachtvollsten Tage in Genf an. F r e d e r u n e und ihr S a l o m o n brachten Jedes der Mutter ein kleines Engelchen als Enkelchen auf dem Arme an ihr Herz und jedes ihr einen Strauß Alpenveilchen. S a v e r n begrüßte G a i e t t e als ihm auf der ägyptischen Reise liebgewordene Freundin so liebreich, daß sie mit dem Gesicht im Brusttuch sich freute. Um alle Schrecken zu ersparen, entdeckte Don Ramon sogleich ihren Wirthen die sonderbare E h e e i n e r T o d t e n m i t e i n e m L e b e n d i g e n — des vortrefflichen Raimund mit Irmengard, deren Sprachlosigkeit, also ihr Schweigen, das Verhältniß ungemein erleichterte. Das große, in das Bett zu legende Schwert war als ein Heiligthum mitgebracht und mußte sogleich an seinem Orte Wache liegen.

Unter den ausgetauschten Neuigkeiten erfuhr Don Ramon die ihm als Arzt hochwichtige Kunde von Savern, als den Schlüssel zu dem ganzen Kinderkreuzzuge, nämlich:

Es sind zwei Geistliche, zwei Brüder nach Frankreich gekommen aus der Gefangenschaft des Assassinenfürsten, die er entlassen unter dem Gelöbniß: für ihren noch als Geisel zurückbehaltenen Vater sechs schöne Frankenknaben zu bringen. Diese zwei Brüder haben, um Vendôme an der Loire zu Hause, nun zwölf Knaben an sich gelockt, sie beschenkt, ihnen das heilige Morgenland als das Paradies der Erde geschildert, ihnen große Versprechungen gethan, ihnen Offenbarungen, Schätze und Wunder vorgelogen, sie den Aeltern gestohlen, eingesperrt und nun sie geistlich exerciren lassen bis zum Verrücktwerden, durch Beten, Singen, Knien, Weinen auf Commando, Beichten, Nachtwachen, Teufelverwünschen und -Austreiben, bis sie durch das geistliche Exercitium vollständig gerast. Dann haben sie sechs dieser armen Seelen wie ohne Leiber dem Fürsten zum Lösegeld gebracht, der diese Wahnsinnigen nach Art der Morgenländer geradezu für Heilige gehalten. Die in Frankreich Gebliebenen sind aber ins Land entlaufen, die entsetzliche Krankheit in Haupt und Gliedern; haben die Hirtenknaben zuerst, und die Hirtenknaben dann die Dorfjugend damit angesteckt. So ist die Kinderwuth angegangen, wie „Seelenpocken", bis sie als Kinderkreuzzug ausgebrochen und ihren rasenden und unseligen Verlauf genommen.[25])

Der Doctor fiel ihm um den Hals und küßte ihm die Hände vor Dank, daß er als Arzt recht gesehen. Aber auch vor edler Menschenfreude, daß dem ganzen großen Wirrwarr nur die Kindesliebe zu Vater und Mutter, wenn auch in ihrer Entartung zugrunde gelegen.

Mehr brauchten sie von der Welt nicht zu wissen, als ja sich untereinander liebend. Sie verpaßten in Ruhe und Frieden den neuen Kreuzzug der 70,000 geharnischten Ritter, der wie der Zug der Kinder jämmerlich endete. Sie verpaßten die große fürchterliche Weberschlacht der

Wollenweber und Tuchscheerer gegen die Patricier, die sie aus Köln vertrieben, aber der Mittelstand in den w e i t e r n Rath aufgenommen werden mußte. Sie verpaßten den neuen Kampf A l l e r gegen die Macht und d a s Herrschen des neuen Erzbischofs; die Belagerung der Stadt, die Eroberung; die Verjagung und die Enthauptung der Herren vom Rathe; indeß sie selbst hier Alle doch mit dem Leben, dem größten Schatz, und mit allen ihren goldenen Schätzen davongekommen!

Sie vernahmen nur noch wie ein Märchen, daß der Kaiser Friedrich II. die christlichen Seeräuber und Kreuzkinderverkäufer, Hugo Ferreus und Wilhelm Porcus, sammt dem sicilischen Emir und dessen Söhnen, denen sie hatten den Kaiser ausliefern sollen — alle Fünf an einen fünffingerigen Galgen hatte hängen lassen. Ihr halb vergessenes, halb ausgeheiltes Uebel gab ihnen keine besondere Freude a n d e r V e r g e l t u n g.

* *
*

So verging die Zeit. Der gute Don Raimund ward schwächer und träumerischer. Endlich lag er unrettbar auf seinem letzten Lager, als ein Opfer der Rettung der Tochter seines Bruders, die ihm die Wunde in den Nacken und den Wahnsinn zugezogen. Er ließ seine Gabriele an das Bett kommen, hielt sie an der Hand und dankte ihr, daß sie aus Liebe und Treue zu ihm den Himmel verlassen. Aber, sagte er: Ich kehre zu dir nicht zurück! sondern komme du lieber gleich mit, oder gesund mir nach — m i r w a r e s d o c h z u t r a u r i g — du erinnertest dennoch mich immer: d a ß d u g e s t o r b e n ! und das war eine schlimme Zeit! D i e v e r g i ß j a l i e b e r !

Sie beweinte den ihr wie heilig erschienenen Mann redlich und begrub ihn wie einen Seligen, der ihrer nicht mehr bedürfe.

Nach der Trauerzeit kam einst Nikolas mit seiner Schalmei

in ihr Thal. Und ihr schlug das Herz von den Jugendklängen, die in ihre Liebe gefallen, die ihr damals nur Frömmigkeit und Glauben geschienen. **Savern** und **Gaiette** gaben ihr ein reizendes Beispiel. Soll denn ein Unglücklicher, doch im Herzen Unschuldiger, gar kein Mensch mehr sein und werden dürfen? — Und aus Erinnerung wurden sie Mann und Weib, und das mannesgroße silberblanke Schwert mit dem mächtigen Griffe verschwand aus dem mit weißen Lilien bekränzten Bett.

Er fand bei ihr einst, aus Raimund's Nachlaß, das kleine Kästchen mit dem Kinde, das vormals mit gegen sie hatte zeugen müssen. Ameisen in der Eiche hatten das kleine Gerippe wie zärtlich und ganz unvergleichlich ab- und reingenagt.

Der Fund war sein Lohn!

Und als Irmengard darauf ein Kind geboren, und entzückt es vor sich in die Höhe gehalten, da war vor Erschütterung der Seele **die Sprache** ihr wieder in die Brust geschossen. Sie hatte laut geschrien — aber die Erinnerung hatte sie überwältigt und **todt** zurückgestürzt.

Sie ward an ihres **geistigen** Mannes, des guten Raimund's Seite begraben — und einst ihr **leiblicher** Mann an ihrer Seite.

Das kleine neugeborene, wunderliebliche Kind ließ sich die alles vergeblich gewesene Jungfrau, Gattin und Witwe, die arme **Isidore**, nicht nehmen. Sie ward ihm Mutter, und es ward dafür ihr Trost und ihre Freude. **Ihr Schönstes und Bestes müssen ja immer die Menschen sich träumen.**

„Der Phantasie gehört der Mensch, das Kind!"

Druck von F. A. Brockhaus in Leipzig.

Fußnoten

1)

Friedrich I.

2)

Sicardi Chronicon.

3)

Wirklich geschah die Weberschlacht und die Belagerung nicht lange nachher.

4)

Matthias Paris.

5)

Chronicon Sicardi.

6)

Genauer aus dem Dorfe „Cloies" an der Loire. Matthias Paris nennt ihn einen Knaben, aufgeregt durch Teufelsvorsorge, des Feindes des Menschengeschlechts, an Alter einen wirklichen Knaben, aber an Sitten pervilis.

7)

Chronik des Johannes Iperius.

8)

„Spiritu deceptionis arrepti", sagt Roger Bacon, „currebant post quendam malignum puerum."

9)

H. Chronik: Coenobii Mortui maris. I. c.

10)

Thomas Champré, Ap., II., 39.

11)

Innocent III. in Adhortat.

12)

Im Oratorio des kaum vergleichlich guten Kinderwohlthäters, Philippo Neri zu Rom, finden noch jetzt alle Advente Abends bei Licht rührende Predigten eines Kindes vor Kindern statt. Es kann nichts Holderes geben.

13) Laut Godofred. Mon. l. c.

14) Chronik des Bischofs Sicard, und der Mönch Gottfried.

15) Albericus.

16) Albericus.

17) Ogerii annales Genuenses.

18) Desgleichen Ogerii annales etc.

19) Petri Bizari Senat. Popul. Gen. Histor.

20) Chronicon Senoniensi.

21) Vincenz von Beauvais.

22) Fragm. apud Urstis: „Quia plurimae etc."

23) Bower.

24) Das Recht, ein Frauenzimmer dem Tode so wegzuheirathen, welches wol darauf beruhte,

ungerechte und zu harte Urtheile so zu kassiren, schrieb aber gegen Misbrauch auch diesen Gebrauch als Gesetz wenigstens vor. Anmerkung der Frau „Historia".

25)
Vincenz von Beauvais.

www.ingramcontent.com/pod-product-compliance
Lightning Source LLC
Chambersburg PA
CBHW022117160426
43197CB00009B/1063